地方創生を考える

偽薬効果に終わらせないために

諏訪雄三

新評論

まえがき

「地方創生」を政権の最重要課題に掲げる第二次安倍改造内閣が発足したのは二〇一四年九月である。安倍晋三首相は、「魅力あふれる地方の創生は内閣の最重要課題だ。人口減少を克服する道筋を描き、大胆な政策を力強く実行する」とアピールを続けている。

まず、首相がトップとなって「まち・ひと・しごと創生本部」を設置し、地方創生担当大臣には、地方での人気が高い石破茂氏を充てた。その石破氏も、「地方創生は日本創生だ」と強調し、「これに失敗すれば、国が危ういという危機感がある」と訴えている。内閣府政務官である小泉進次郎氏と全国を回り、今や、地方創生の「伝道師」のような役割を果たしている。

半数の自治体が消滅する可能性があるとする「消滅ショック」が全国を駆け抜けてから半年が過ぎると、これを奇貨とするように、政権は「まち・ひと・しごと創生法」(法律一三六号)を二〇一四年一一月二八日に成立させ、同年末には「五〇年後に一億人程度の人口維持を目指す」という長期ビジョンと、二〇二〇年を目標とした総合戦略を矢継ぎ早につくった。そして次は、都道府県や市町村が二〇一六年三月までに総合戦略をつくる段取りとなっている。

いずれにしろ、国主導のイメージが強い取り組みである。だが、国が主導すれば、すぐに創生できるものでもあるまい。「地方創生、田園回帰の国民運動を起こそうとしている」と石破氏は解説するが、果たして成果はどうなるのだろうか。

本物の活性化策は、数十年の地道な努力の後に花開くものである。国には、国にしかできないことがあるはずだ。東京一極集中の是正であり、人口の急激な減少を所与の条件とする、国の政策の抜本的な見直しである。

人口減少は深刻な問題となっている。今すぐ人口が維持できる水準にまで出生率が戻ったとしても、少なくともこれから三〇年間は減り続けるのだ。その出生率のアップも簡単にはいかない。正社員の減少、賃金の引き下げなど、若者の雇用をめぐる状況は悪化する一方となっている。また、「コンパクトシティー」と唱えながらも、国土は虫食い状に開発され続けている。「地方創生」と声高に言いながらも、国の政策は矛盾だらけである、としか言えない。

国は、地方創生策を自治体に丸投げし、その中身に容喙《ようかい》するのではなく、地方独自の取り組みを支援することに専心すべきだ。政権党とすれば、二〇一五年四月の統一地方選で、「国はこんな戦略をつくりました。次は、自治体にやってもらいます」と前向きな取り組みをアピールして、「成果はこれからです」と訴えれば乗り切れるという読みもあったのだろう。

実際、二〇一四年一二月の衆議院選、統一地方選での効果は抜群だった。安倍政権の経済政策である「アベノミクス」の効果が地方には波及していないという声に対して、首相が「全国津々浦々まで届ける」と苦しい演説を続けたにもかかわらず、「地方創生」というキーワードを訴えることで乗り切ったと言える。

地方創生で知られる政策には、一九八〇年代終わりのバブル経済期、各自治体に一億円を配った竹下登首相の「ふるさと創生事業」がある。ご記憶にあるとおり、自治体のアイデア不足を露呈した例が多く、効果を上げた使い方を探すほうが難しい。

実は、地方の活性化策は、統一地方選をにらんだ例が目立っている。「商店街がシャッター街になった」との声に対応した「中心市街地活性化法」の制定や同法の改正、そして国民一人に二万円を配った「地域振興券」がそれである。これらが地域に本当に役立つ施策であったならば現在の惨状を招いてはいまい。となると、地域活性化策、創生策というのは「死《し》屍《し》累々《るいるい》」としか言いようがない。

確かに、地方創生の雰囲気は高まっている。だが、「今度こそ」と地方側に期待を抱かせるだけに終われば、新たな罪を創生するだけの結果となってしまうのではないだろうか。

ところで、アベノミクスの「三本の矢」はどうなっているのだろうか。金融緩和と財政出動、そして成長戦略でデフレ脱却と経済再生を目指しているとなっているが、評価されるだけの成長戦略はできていない。そして、デフレ脱却もままならないにもかかわらず、株価だけが上がっている。日銀が上場投資信託（ＥＴＦ）を買い、安倍政権の改革で年金積立金管理運用独立行政法人（ＧＰＩＦ）が株式で運用する資産を増やしている。新聞などでご存じのように、「官製相場」とも批判されている状態が続いている。そして、この株価上昇を景気回復の根拠とするとともに、安倍政権の支持基盤としながら、安全保障法制を見直して集団的自衛権行使を可能にした。今後、憲法改正に動いていくのだろう。

安倍政権にとっては、地方創生もアベノミクスも政権維持をするための手段であって、決して目的ではない。安倍政権がうまく回っているという雰囲気を与える、そういう役割を担っているだけである。

効能がない薬を与えても、安心感から症状が改善することを「偽薬効果《プラセボ》」と呼ぶ。「地方創生」と「アベノミクス」、この二つとも、実態が伴わない言葉先行の政策でしかない。換言すれば、「偽薬効果を狙っている」と考えたほうがいいのかもしれない。

本書は、共同通信社で二〇一二年四月から連載している「地域素描」などをベースにして大幅に加筆し、安倍政権の地方創生の動きをまとめたものである。なお、登場する人物の肩書きは、取材時および発言時のものを記していることをご了承願いたい。

もくじ

第2章 見通せない未来

第4章

国土をつくる 169

地方創生を考える——偽薬効果《プラセボ》に終わらせないために

第1章 なぜ、地方創生なのか

島根県大田市の石見銀山遺跡近くの歴史的な町並み

「経済再生、復興、社会保障改革、教育再生、地方創生、女性活躍、そして外交・安全保障の立て直しはいずれも困難な道のりで『戦後以来の大改革』だ」

二〇一五年二月、第九六代内閣総理大臣安倍晋三は国会の施政方針演説でこのように述べ、決意を示した。

二〇一四年末にまとめた補正予算や「総合戦略」に基づき、地方自治体は地方創生策づくりを急いでいる。ただ、総合戦略は既存政策のメニューを示しただけでしかない。「あくまで地方創生の主役」として、石破茂地方創生担当相は自治体同士の競争を促しているが、実態は地方に実施を「丸投げ」しているだけである。となると、その成果は自治体や地方議会の取り組みにかかっている、とも言える。

戦後、歴代政権が東京一極集中の是正や国土の均衡ある発展を旗印に掲げてきたが、人口の東京集中は三度にわたって起きており、収束の兆しはまったくない。地方創生は、安倍政権の統一地方選対策に終わるのか、それとも国土形成の分岐点になるのだろうか。加えて言えば、勝算があっての行動なのかと思ってしまう。

まず、地方創生の背景にある人口減少の現状、そして、なぜ安倍政権が地方創生に乗り出したかについて解説していきたい。

1 深刻化する人口減少

日本の人口は、二〇〇八年の一億二八〇八万人をピークにして急速に減少している。今後、歴史上どの国も経験していない超高齢社会を迎えることになる。現在、年間一〇〇万人ほどが生まれ、一三〇万人近くが死亡している。この差は、加速度的に広がることになる。残念ながら、人口を増やすという魔法の杖はない。人口減少の状況と今後の予想を紹介していこう。

人口オーナス

二〇一四年一〇月一日現在の総人口は約一億二七〇八万人で、この一年間で二一万人ほどが減った計算になる。出生児数は過去最低となる一〇二万人、それに対して死亡者数は一二七万人となっている。それでは、今後の見通しはどうなるのであろうか。

国立社会保障・人口問題研究所（社人研）の中位の推計では、現状の二〇一五年が一億二六六〇万人（六五歳以上の人口の占める割合＝高齢化率二六・八パーセント）に対し、二〇二〇年は一億二四一〇万人（同二九・一パーセント）、二〇三〇年は一億一六六二万人（同三一・六パーセント）、二〇四〇年は一億〇七二七万人（同三六・一パーセント）、二〇五〇年は九七〇八万人

（同三八・八パーセント）と急速に減少するという。

人口の減少のスピードは、二〇二〇年代初めが毎年六〇万人程度であるが、二〇四〇年代ごろには一〇〇万人程度にまで加速する。この結果、二一一〇年には人口が現在の三分の一程度、約四二八六万人にまでなる計算となる（**図1－1**参照）。

この減少スピードを考えたとき、「人口は少しぐらい減ったほうがいい」という言説には乗らないほうがよい。子ども、若者が多く、国土にまんべんなく人が住んでいた時代と東京一極集中の超高齢社会と比べると、同じ一億人でもまったく違う状況が生まれてくる。

江戸時代から昭和の戦後にかけて農山村は、いわば日本の一大工業地帯、産業の中心だった。家を建てる木材の生産だけでなく、燃料となる薪や炭、砂鉄を使ったたたら製鉄による鋼、和紙、絹、米などといったあらゆる生産物がこれらの地域からつくり出されて都市を養った。日本の近代化を支えた、とも言えるだろう。

このような状況が大きく変容したのは敗戦後、石油やガスの大量輸入によるエネルギー革命や木材貿易の自由化をきっかけにして農山村の基幹産業が失われてからである。同時期に、海外からの原材料の輸入による工業地帯が臨海部において発達し、余剰となった農山村の労働力が太平洋ベルト地帯を中心とした都市に集中することになった。これが三大都市圏、さらに東京圏への集中を生み出す要因となった。そして、若くて優秀な労働人口が豊富という「人口ボーナス」を

図1－1　人口の推移と将来見通し

人口ピラミッドの変化

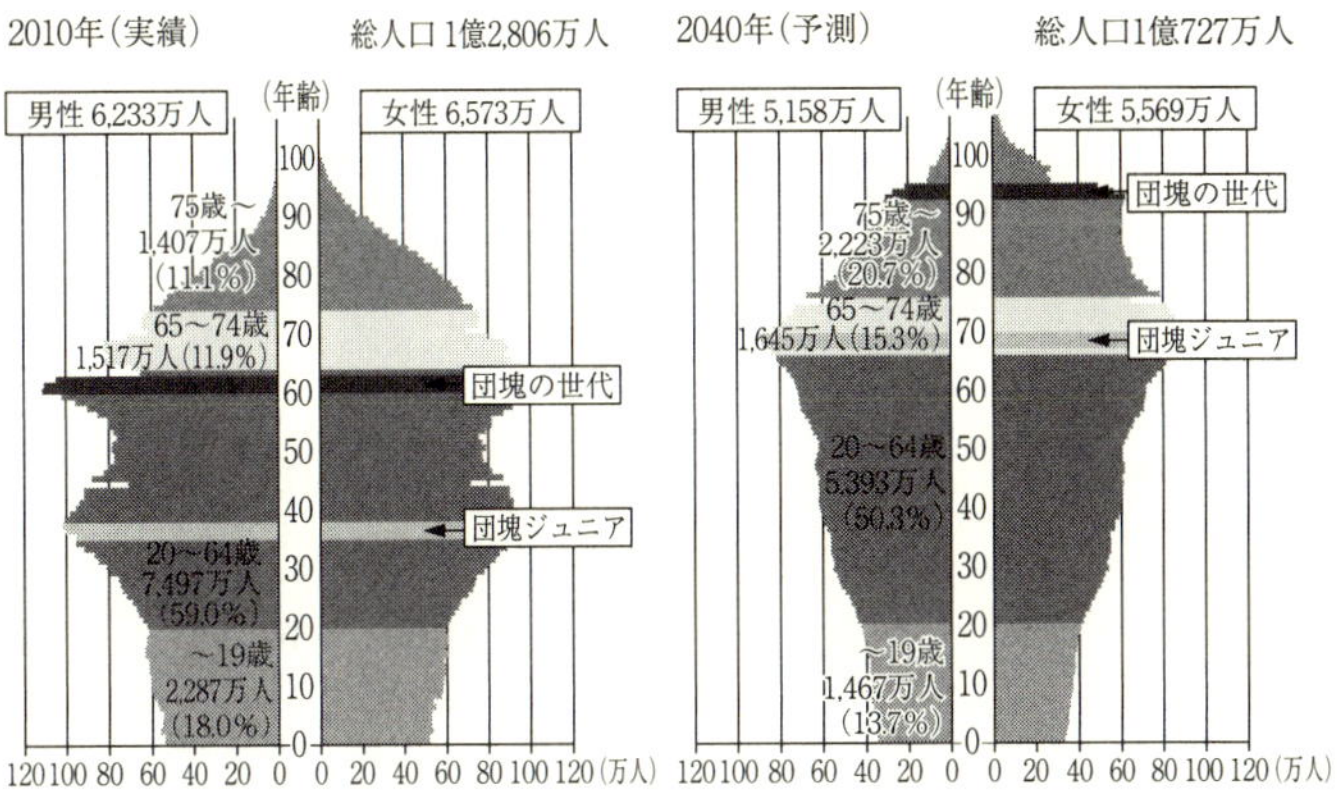

我が国の人口の推移と長期的な見通し

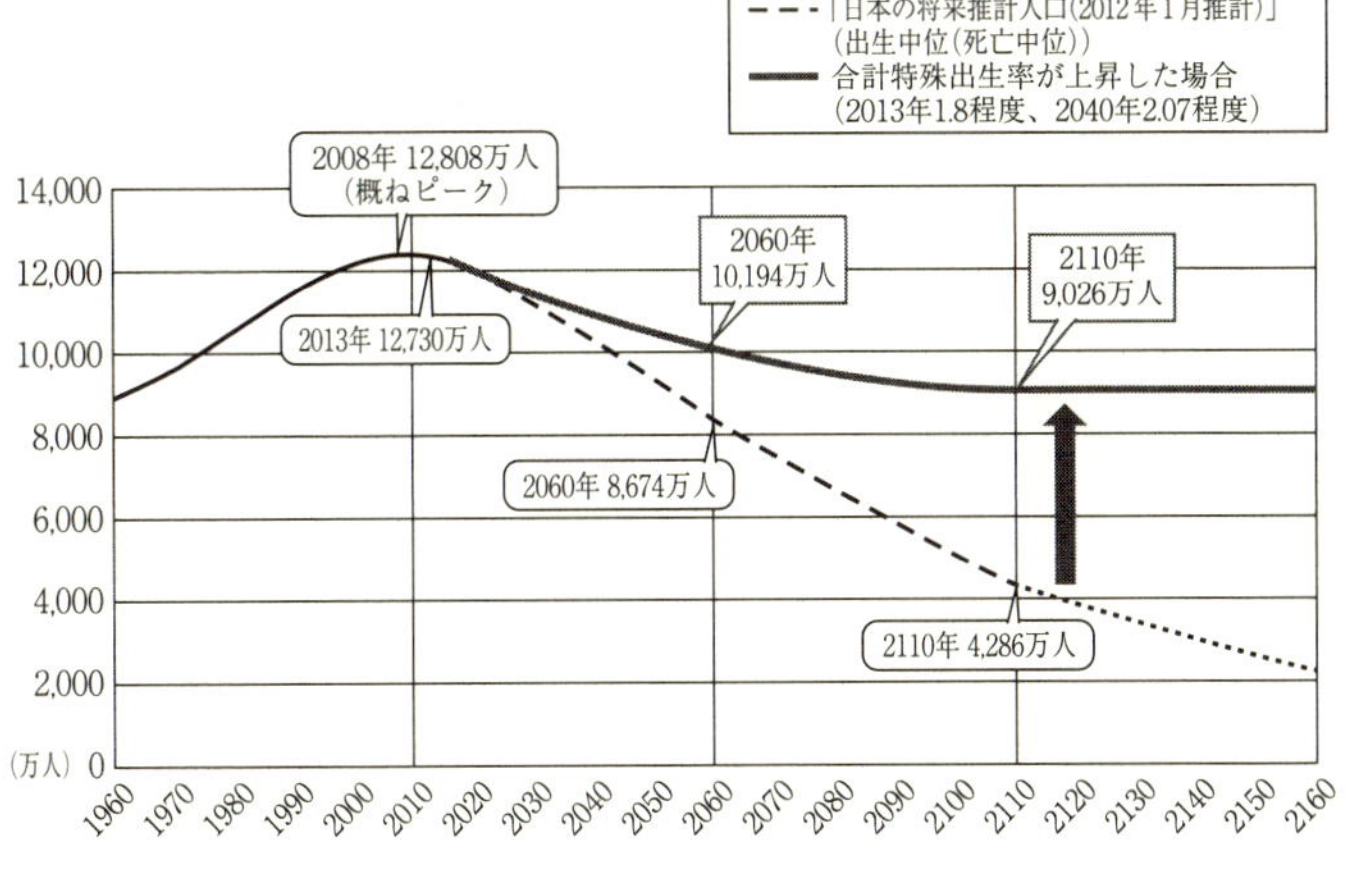

出典：まち・ひと・しごと創生本部パンフレット。

生かして、日本は経済発展を成し遂げてきた。

今後の人口減少は、大都市にとっては「公園のスペースが生まれる」「住宅が購入しやすくなる」と映るかもしれないが、基幹産業が弱体化して人口が減っている地方部にとっては死刑宣告に等しいものとなる。集落や市町村の消滅を意味するということを、決して忘れてはいけない。

もちろん、日本経済全体にとっても、内需の基本となる人口が大きく減るということは、いくら一人当たりの生産性を上げて経済の活力を維持しようとしても自ずと限界が生じることになる。高齢者が増え、労働人口が減って、年金や福祉の運営が難しくなる「人口オーナス」の直撃を受けることは言うまでもない。経済の活力を失わせるだけに、マイナス面は大きいと言える。

逸したタイミング

人口減少について、国はこれまでにも対策を取ってきた。出生率が丙午《ひのえうま》（一九六六年）の一・五八を下回り、「一・五七ショック」と呼ばれた一九八九年が「少子化対策元年」と言えるだろう。なぜなら、このあと少子化が政治的なテーマに急浮上したからである（**図1-2**参照）。

これを受けて一九九四年、文部、厚生、労働、建設の四大臣合意による「今後の子育て支援のための施策の基本的方向について」（エンゼルプラン）が作成されている。その内容は、保育園の数を増やすことや低年齢児（〇～二歳児）保育、延長保育などの充実、地域子育て支援センタ

図1−2　出生数・出生率の推移

日本の出生数・出生率推移

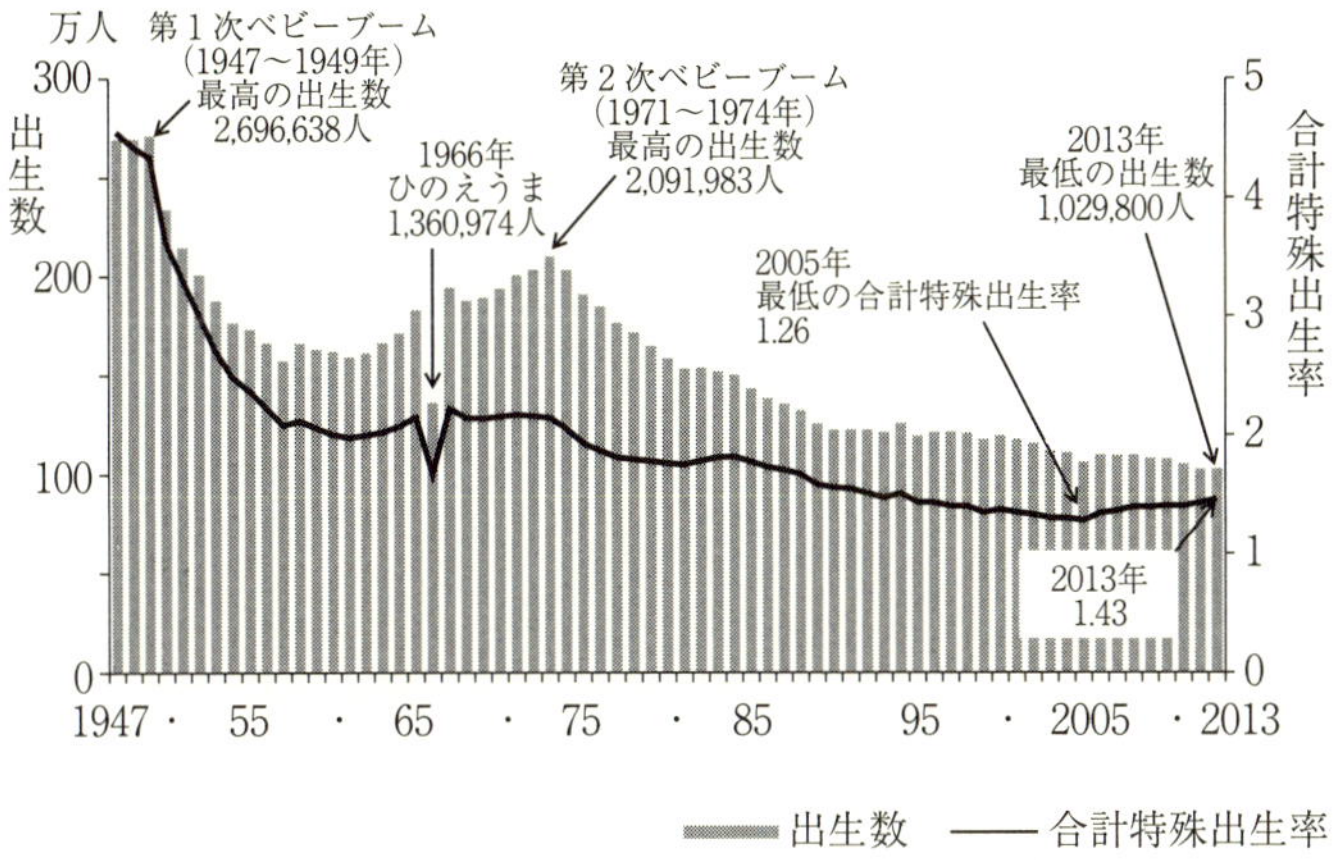

出典：まち・ひと・しごと創生本部パンフレット。

ーの整備が中心となっていた。だが、当時は第三次ベビーブームが来るとの楽観論があって、政治的には大きな動きにはならなかった。

まず、終戦直後に第一次ベビーブーム（一九四七年から三年間）があり、年間で最高二七〇万人が生まれた。この「団塊の世代」の子どもたちが誕生した第二次ベビーブーム（一九七一年から四年間）でも年間二〇九万人が生まれている（最高時）。この団塊ジュニアが出産適齢期に入れば、「減少は止まる。また、大きな山ができる」という発想が強かったわけである。

これに加えて、出産や子育ては家庭の問題とされ、行政の支援対象ではないという考えが支配的でもあった。人口が急増している局面にあったこともあり、少しぐらい減ったほうが住みやすくなるという議論があったのも確かである。

しかし、結果として第三次ベビーブームは起きなかった。その要因として、以下の三つが考えられる。

❶価値観の多様化、女性の社会進出もあって非婚化、晩婚化が進んだ。

❷出産、育児、教育の費用負担が増加し、子育てに関する負担が二人目、三人目の出産を躊躇させることになった。

❸女性、男性ともに産休が取りにくいなど、仕事中心の社会が続いている。

その後、議員立法で「少子化対策基本法」が二〇〇三年に制定された。これに基づいて「少子化社会対策大綱」がまとめられたほか、続いて「新しい少子化対策について」(二〇〇六年)、「子ども・子育てビジョン」(二〇一〇年)、「少子化危機突破のための緊急対策」(二〇一三年)がつくられている。ご存じのように、二〇〇七年には少子化対策担当大臣(初代上川陽子)も置かれている。

子育てや教育などについて、親の経済的負担の軽減が必要という認識は広がっていた。しかし、政治的な危機意識は薄かったと言える。このため、政策は官僚任せとなり、各省が行っている施策を羅列しただけにとどまった。財政当局も、対策の効果が分かりにくく無駄という反応で、予算も不十分なままであった。

さらに近年は、非正規で働く人の増加に伴って若者の収入が減ったことが結婚を難しくし、少子化に拍車をかけている。また、仕事と家庭の両立が比較的容易な地方部の若者が仕事のために都市部に吸い寄せられてもいる。この結果、子どもの数は減少を続け、少子化対策の効果は限定的なものとなっている。人口問題の専門家は、出生率が下がってきた一九七〇年代から対策をはじめるべきだった、と指摘している。政府の対策は、「タイミングを逸した」というのが実情と言えるだろう。

女性は賢い

出生率は、二〇〇五年の一・二六を最低にその後は回復し、二〇一三年には一・四三まで戻したが、二〇一四年には一・四二と九年ぶりに低下した。回復したのは、団塊ジュニアの「最後の頑張り」に負うところが大きい。今後は、出生率が下がるだけでなく、出産適齢期の女性の数が減っていることから、生まれてくる子どもの数も一〇〇万人を割り込むというのが一致した見方となっている。

日本では、戦後、一九四八年の「優生保護法」によって産児制限を事実上合法化したことによって急速に出生数が減少した。この結果、「団塊世代」と「団塊ジュニア」という二つの大きな山をつくった。とくに、団塊世代の大きな山があることで、子ども期には小学校や中学校、成人すればニュータウンや団地に象徴される住居、高齢者になれば老人ホームなどの施設の整備が迫られ続けている。

山が大きく谷が深いことが社会資本の無駄をつくり、年金や保険の設計や運用を難しくしている。このような十字架をもともと背負ったうえで言えることは、前述したように、出生率が二・〇を割った一九七〇年代から対策をすべきだったという事実である。

人口を維持するのに必要な出生率は、先進国では二・〇七とされている。今、その水準に戻したとしても、人口は三〇年間にわたって減り続けるということも前述した。今からはじめても、少子化のスピードを緩和し、人口を安定化させる時期を早めるという効果しか期待できないのだ。つまり、遅すぎるのである。

とはいえ、対策を取らないよりも取ったほうが日本の経済・活力にはプラスになる。「会社のため一生懸命働く」社会から、「仕事と家庭との両立ができる」社会を目指すことが必須となっているわけだが、特効薬がない以上、総合的に進めていくしかない。

しかし、非正規雇用は男女ともに増える一方である。二〇一三年の雇用者五二〇一万人のうち、パートやアルバイト、派遣社員、契約社員ら非正規の割合は三六・七パーセントを占めた。一九

図1－3　非正規雇用の現状

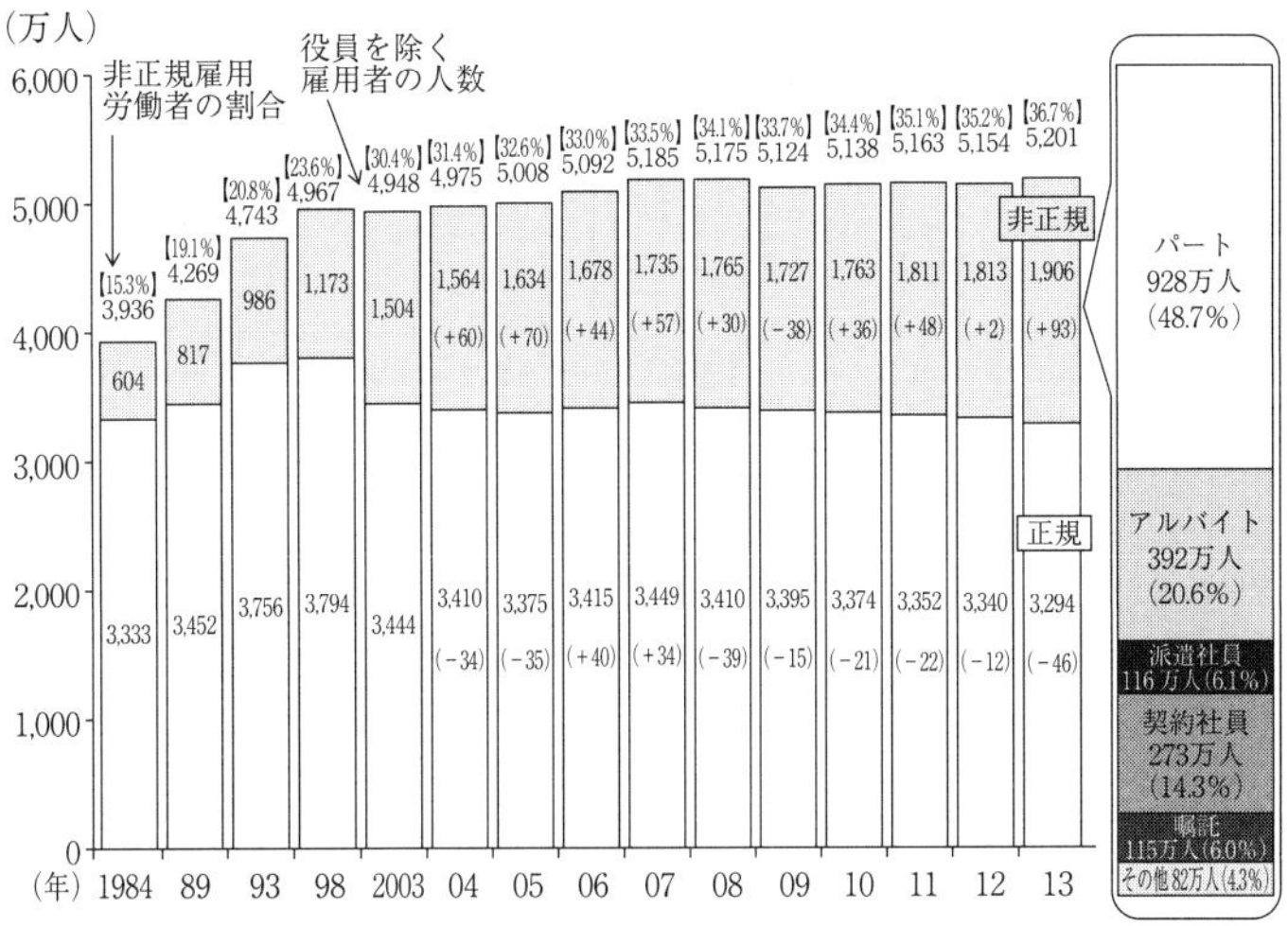

出典：厚生労働省ホームページ。

八四年の一五・三パーセントから大幅にアップしている。

経済のグローバル化に対応するという考えから、解雇の容易さや人件費の切り下げを求める企業側の意向は強い。これを受けて政府は、二〇一五年の国会に「労働者派遣法改正案」と「労働基準法改正案」を提出して成立させる構えだ。非正規の人々は、産休や育児休業がほとんど取れていない。労働者側にとっては「不安定な働き方」につながる内容だけに、少子化対策とは矛盾しているとも言える。一方、未婚率も、五〇歳の男性で二割、女性で一割に達している。生涯未婚率も高くなる一方となっている（**図1−3**参照）。

対策として挙げられるのは、以下の三つなどであろう。

❶正規、非正規にかかわらず産休などを取れるようにする。

❷出産を契機に仕事を失わないようにする。

❸待機児童ゼロ対策や婚活パーティーを開催する。

これらのことは、自治体の置かれている状況によって対策が異なってくるので、地方に任せるべきであろう。ただ、ゼロサムの取り合いだけは避けないといけない。地方間で適齢期の女性を奪い合うのではなく、東京からいかに適齢期の男女を引き出せるかを、政策の大目標に据えるべきである。

「女性は賢い。産めるようにならないと産まない」という話をある女性研究者から聞いた。もっとも効果的な方法は、子づくりや子育てにかかる費用を家庭から社会の負担に切り替えていくことである。親の負担を軽減することで、親の収入が少なくても、シングルであっても、安心して子どもを育てられる社会に変えていくことが必須となっている。

年間一〇〇兆円を超える社会保障給付のうち、家族政策は五パーセント程度を占めるだけとなっている。国や自治体は、もっと少子化対策に予算を使うべきである。

2　地方創生に動く

安倍晋三政権が「地方創生」を打ち出したのは二〇一四年六月ごろだ。ちょうど、増田寛也元総務相ら日本創成会議(1)の人口減少問題検討分科会が、二〇四〇年には若年女性の流出により全国で八九六の市区町村が人口減少による「消滅可能性都市」になると発表した（二〇一四年五月）ときである。いわゆる「消滅可能性ショック」が日本列島を走り抜けた直後であった。

通奏低音

日本創成会議の試算は人口の再生産を担う「二〇～三九歳の女性人口」に注目し、「五〇パーセント以上減少すると、出生率が上昇しても人口維持は困難」ということが前提にある。国立社

（1）　東日本大震災からの復興を新しい国づくりの契機にしたいとして、二〇一一年五月に発足した有識者らによる政策発信組織。座長は増田寛也前岩手県知事（元総務相）で、ほかに経済界や労働界の代表や大学教授などから構成されている。五月二七日、メンバー一四人が初会合を開き、増田座長は記者会見において、復興の過程で既得権や古い弊害の聖域なき見直しを求めていく考えを示した。以後、二〇一一年に第一回提言「エネルギー創成」、二〇一二年に第二回提言「地域開国：グローバル都市創成」などを発表している。

会保障・人口問題研究所（社人研）の推計では、二〇一〇年からの三〇年間で半減する市区町村は三七三（全体の二〇・七パーセント）となっていた。

これに対して増田レポートは、東京一極集中が続き人口移動が収束しないとして、半減市区町村は八九六（全体の四九・八パーセント）と上方修正している。この半減自治体のことを、「消滅可能性都市」と命名したわけである。つまり、今の自治体の境界、仕組みでは対応できないことを意味している。

このような人口減少のインパクトを推定した分析はほかでも出されている。国土交通省の「国土のグランドデザイン二〇五〇」（二〇一四年七月）では、全国を一平方キロメートルごとのメッシュで見ると、二〇五〇年までの四〇年間で、現在の居住地域の六割以上で人口が半分以下に減少するとなっている。無居住地域は、現在の約五割から六割に増える計算である。逆に人口が増えるのは、大都市圏のわずか二パーセントでしかない。

二〇〇四年に行ったアンケートの結果であるが、人口の減少で「集落消滅の可能性がある」と回答した自治体が全体の一九パーセントとなっていた。言うまでもなく、基礎的社会サービス（上下水道、小学校、消防、医療など）の提供が困難になる地域が広がることになる。

人口減少によって地域社会が崩壊するというストーリーは、一九六六年の経済審議会において「過疎」という表現が公式に登場して以降、さまざまな報告に盛り込まれてきた。それが、過疎

図1−4　人口移動の状況

○ これまで3度、地方から大都市（特に東京圏）への人口移動が生じてきた。

三大都市圏および地方圏における人口移動（転入超過数）の推移

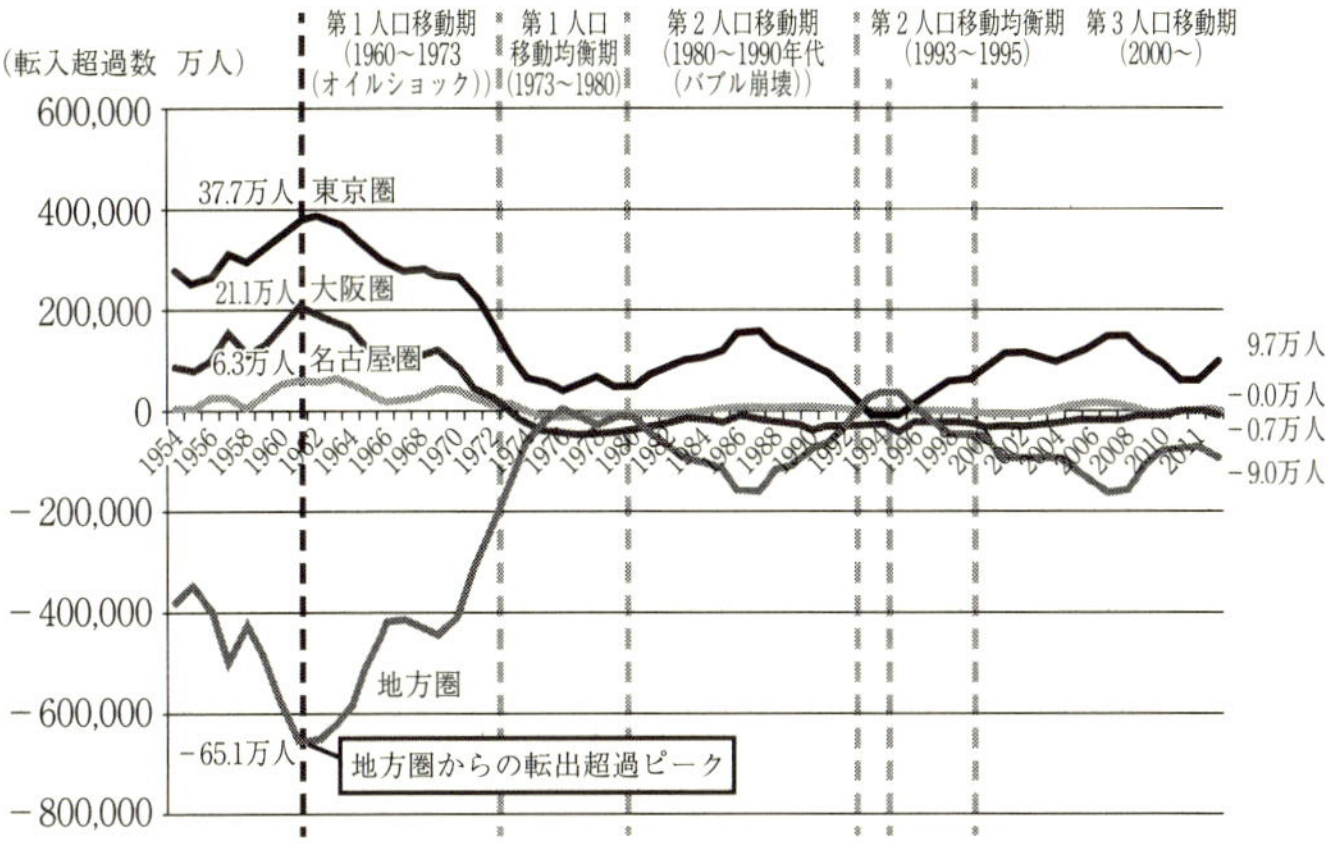

（注）上記の地域区分は以下の通り。
東京圏：埼玉県、千葉県、東京都、神奈川県　名古屋圏：岐阜県、愛知県、三重県　大阪圏：京都府、大阪府、兵庫県、奈良県
三大都市圏：東京圏、名古屋圏、大阪圏　地方圏：三大都市圏以外の地域

出典：総務省「住民基本台帳人口移動報告」。

対策法、離島振興法、山村振興法、半島振興法などといった過疎対策関連法につながった。さらには、「地域間の均衡ある発展」を掲げた一九六二年の全国総合開発計画（全総）からはじまる四度の全総と、「二一世紀の国土のグランドデザイン」での通奏低音だったと言える。

一〇の基本方針

　三大都市圏、とくに東京圏への集中は、これらの対策にもかかわらずこれまでに三度起きている。高度成長からオイルショックの時代、バブル景気、そして二〇〇〇年に入ってからだ。地方での雇用が確保できなくなると、仕事を求めて都市圏への集中が起きると分析できる（**図1－4**参照）。

総務省が発表している「二〇一四年人口移動報告」を都道府県別に見ると、二年ぶりに移動は減少したものの、東京都は七万人超の転入増（東京圏は一〇万九四〇八人）となっており、一九年連続の転入超過となっている。一方、名古屋圏、大阪圏は二年連続の転出超過となっている。一極集中が収束しないとする「増田レポート」の内容は、あながち恣意的な評価とは言えまい。

増田レポートとは、前述したように、二〇一四年五月に公表された日本創成会議の人口減少問題検討分科会の提言のことである。注目を集めた市区町村別将来推計人口とあわせて「ストップ少子化・地方元気戦略」を公表している。この戦略が、その後、国の政策に取り入れられたわけである。その全体像を示しておこう。

基本姿勢としての戦略は、①人口減少が待ったなしという「不都合な真実」を正確かつ冷静に認識する、②対策は早ければ早いほど効果がある、③基本は「若者や女性が活躍できる社会」をつくること、という三点が示された。そのうえで、以下に挙げる一〇項目の基本方針を示している。

❶人口減少の深刻な状況について、国民の基本認識の共有を図る。

❷長期的かつ総合的な視点から、有効な政策を迅速に実施する。内閣に総合戦略本部を設置し、

長期ビジョンと総合戦略を策定する。地域でも地域戦略協議会を設置し、地域版の長期ビジョンと総合戦略をつくる。

❸第一の基本目標については、「国民の希望がかなった場合の出生率一・八の実現」に置いて希望阻害要因の除去に取り組む。

❹若者が結婚して子どもを産み、育てやすい環境づくりのため、すべての政策を集中する。企業の努力も重要な要素となる。

❺女性だけでなく、男性の問題としても取り組む。

❻新たな費用は「高齢世代から次世代への支援」の方針のもと、高齢者に偏っていた税制や社会保障政策の見直しなどで対応し、将来世代に負担のツケ回しをしない。

❼第二の基本目標を「地方から大都市へ若者が流出する」という「人の流れを変えること」に置き、東京一極集中に歯止めをかける。

❽「選択と集中」の考えのもと、地域の多様な取り組みを支援する。

❾生産年齢人口は減少するので、女性や高齢者、海外人材が活躍できる社会づくりに強力に取り組む。

❿海外からの受け入れは、「高度人材」を中心にして進める。

増田レポートは、この一〇の基本方針と、ストップ少子化戦略、地元元気戦略、女性・人材活用戦略から成り立っていると言える。

地方向けコンテンツ

増田レポートは、そのまま政府の主要施策に直結した。なぜ、増田氏はこのタイミングで出したのだろうか。その謎解きを行ってみたい。

岩手県知事を歴任している（一九九五年～二〇〇七年）増田寛也氏だが、その前は建設省（現国土交通省）の官僚だった。官僚時代には、地方拠点法（一九九二年制定）などにかかわり、地方での「集中と選択」を進めてきたという過去がある。人口減少問題検討分科会のメンバーには、この増田氏に加えて財務省、経済産業省、総務省のOBや人口問題の専門家が入っていることから見て、霞が関の別働隊として政策立案したと考えるのが順当であろう。

また、「まち・ひと・しごと創生本部」(2)の事務局トップとなる地方創生総括官に山崎史郎氏がなったことで、人口問題を担当する厚生労働省の巻き返しという面もうかがえる。

一方、シンクタンクの日本総研は、主席研究員である藻谷《もたに》浩介氏が「里山資本主義」を打ち出し、三菱総研は高齢者問題の解決も含めた次世代社会モデルとなる「プラチナ社会」を提唱した。野村総研の顧問でもある増田氏が、地方向けのコンテンツとして、この人口問題を扱おうという発想になっても不思議はない。

政治的パフォーマンス

人口対策の必要性は、安倍政権も経済面から強く意識していた。安倍首相が二〇一四年六月に地方創生本部の新設を表明したあと、閣議決定した経済財政運営の指針「骨太方針」では「五〇年後にも人口一億人」という目標を設定している。同時に決めた成長戦略（日本再興戦略）の改定でも、少子化対策を強く意識していた。一億人を維持することで経済の活力も維持したいという、経済界の意向を強く反映した内容となっている。

安倍首相は二〇一四年七月の閣僚懇談会で、「私が司令塔になって、すべての閣僚が参加する創生本部を立ち上げ、地方の創生に取り組む」と表明した。地方創生本部を、安倍政権の経済政策である「アベノミクス」の「地方版アベノミクス」の推進役に位置づける考えである。

さらに、「この秋の臨時国会に地方創生に関連する第一弾の法案を提出し、スピード感をもって地域支援に全力を挙げていく」、「各々の地域で若者が将来に希望をもって元気に働き、魅力あ

(2)　二〇一四年九月三日、人口急減・超高齢化という我が国が直面する大きな課題に対して、政府が一体となって取り組み、各地域がそれぞれの特徴を活かした自律的で持続的な社会を創生できることを目的に設置された。

ふれる地方を創造しないといけない。金太郎飴みたいな町をつくっても、本物の東京や大阪には太刀打ちできない」とアピールした。

具体策よりも、統一地方選に向けて地方重視を演出する政治的なパフォーマンスが先行している印象が強かった。

死に至る病

安倍政権の動きを横目に見ながら、全国の知事が一堂に会する全国知事会議[3]が二〇一四年七月に佐賀県唐津市で開かれた。地方六団体が行う会議のなかではもっとも影響力がある会議において、「日本を救うラストチャンス　少子高齢化対策待ったなし！」をキャッチフレーズに「少子化非常事態宣言」をまとめた。少子化について、会長を務める山田啓二京都府知事が「死に至る病」と表現したように、自治体にも強い危機感が広がっていることを裏打ちした。

会議の初日、増田氏が出席しての意見交換があった。そ

少子化対策を訴えた全国知事会議

の際、増田氏はその対策として、「出生率の底上げがすべての地域で必要だ。晩産、晩婚対策を進めると同時に、東京一極集中、人口移動を止めるために、地方で学び働き暮らす場を確保する」とともに、「企業の地方移転促進税制を政府の課題として求めるのは大きなインセンティブになる」などを挙げた。

これに対して多くの知事が発言した。その一部が次のようなものである。

「地方の拠点都市以外にも若者が残れるように、小さな拠点を大切に」（尾崎正直高知県知事）
「行政改革ではなく人口問題から道州制推進の議論を。そのうち、地方から東京に供給する若者もいなくなる」（蒲島郁夫《かばしまいくお》熊本県知事）
「市町村の競争意識、自治体の創意工夫を巻き起こす必要がある」（横内正明山梨県知事）
「今後、地方には老人がいなくなり介護余力が出てくる。都市から老人を呼ぶという、うまい連携を」（飯泉嘉門《いいずみかもん》徳島県知事）

（3）　地方公共団体の首長の連合組織である「全国知事会」「全国市長会」「全国町村会」の執行三団体と、地方議会の議長の連合組織である「全国都道府県議会議長会」「全国市議会議長会」「全国町村議会議長会」の議会三団体を合わせた六つの団体の総称。法的には、地方自治法第263条の3に、これら首長や議長が全国的な連合組織をつくった場合、内閣総理大臣に届け出を行うことや、地方自治に関する事項について総務大臣を通じて内閣に申し出を行ったり、国会に意見書を提出したりすることができる、と定められている。

「東京は蟻地獄、人口を減少させる最大の要因」（川勝平太静岡県知事）

少子化の原因は、東京都が若者を集めるものの子どもを増やさないという、ブラックホール化にあるとも批判されている。地方開催では知事として六年ぶりに出席した舛添要一東京都知事は、「教育費がかかりすぎる。教育体制を見直さないといけない」と指摘した。また、東京一極集中の批判に対しては、「機関車が東京一つでは疲れる。せめて五つ、六つ、ぜひ大都市圏で一緒に機関車をやってほしい」と切り返した。

全国の知事が集まるという知事会の性格上、深刻な対立は避けなければならない。道州制の導入や一極集中是正などといった都市と地方では意見や立場が違う問題は、言いっ放しに終わらざるを得なかった。知事会の限界が指摘される場面であったとも言える。

少子化対策で政府は、前述したように、骨太の方針で「五〇年後に一億人程度の人口を維持」との数値目標を初めて掲げた。しかし、本格的な対策の実施時期が、出生率を回復したフランスや北欧に比べて「二〇年から三〇年、一世代分遅れた」（嘉田由紀子滋賀県知事）という指摘も出た。

ここまで深刻化した理由は、財政当局が高齢者の対策を優先し、子づくり・子育ての予算を増やすことに後ろ向きであったからだ。つまり、人口減少が社会に与えるであろう影響に対する想像力が貧困だったというわけだ。

「国を守る集団的自衛権を議論するなかで、守るべき国がそもそも危うくなっているという意識が薄い」と記者会見で山田会長が指摘したように、ブラックユーモアのような状況に今の日本はあると言える。

測れぬ距離感

安倍政権は、財政再建のために地方交付税の削減を検討している。一方、道州制の導入については国の方針を固めていない。地方分権改革についても、第四次の一括法が二〇一四年五月に成立し、二〇〇七年にはじまった第二次分権改革は検討テーマの整理がひと通り終わっただけである。国は二〇一四年度から、それぞれの自治体が取り組みたい分権テーマを提案する「手挙げ方式」に切り替えている。

かつて、「闘う知事会」を標榜して、知事会が国と対決姿勢を示したことがある。二〇〇九年には、当時の橋下徹大阪府知事や東国原英夫宮崎県知事らが自民党政権を強く批判し、民主党への政権交代につながる一つの起爆剤になった。

現在の知事会と安倍政権との対峙には、隔世の感がある。安倍政権の選挙戦略と分かっていながらも、知事会は政府の動きを批判できないでいる。それは、「少子高齢化対策などは国と地方の共通の課題であり、取り組みの強化という総論では賛成できる」という事情があるからだ。さらに、集団的自衛権をめぐる高揚した対応を懸念する世論があるものの、その当時は支持率が五〇パーセント前後を推持し、代わる首相候補がいないという安倍氏「一強」の状態が今後も続くであろうということ、そして、その点から長期政権の可能性が強いだけにいたずらに対立したくない、との思いも透けて見えてくる。

知事会の二日目には新藤義孝総務相が出席したが、地方を味方に付けることで求心力を高めるという必要性は安倍政権には乏しい。山田会長は、「少子化担当相ら他の閣僚からの出席要望もあった」と政権との密着ぶりをアピールしていたが、「地方創生」を掲げる安倍政権にどう対峙するのか戦略が立てられないでいる。つまり、安倍政権の地方政策は見えず、距離感を測りかねているのが実情だと言える。

防護壁

人口減少対策や地域経済の活性化に取り組むため、安倍政権は二〇一四年九月三日の内閣改造で石破茂氏を地方創生担当大臣に指名した。「まち・ひと・しごと創生本部」を設置し、九月二九日には「まち・ひと・しごと創生法案」を閣議決定して国会に提出するなど、矢継ぎ早に対策を進めた。

そんな安倍首相は、同年一一月一八日、二〇一五年一〇月の消費税一〇パーセントへの再増税を二〇一七年年四月に延期すると表明した。そして、国民にその是非を問うことを口実にして、突然、衆議院の解散に踏み切った。集団的自衛権の行使容認などの安保法制をまとめ、再増税してからでは勝つのが難しい。民主党など野党の態勢も整わない今、いわば勝てるうちに解散しようという与党の都合を最優先した結果であった。

一二月一四日、衆議院選の投開票の結果、自民党は微減の二九〇議席、公明党は三五議席を確保して、与党で三分の二超を維持した。民主党は上積みとなったが、維新の党は微減となり、共産党は二倍以上に伸ばしている。ご存じのように、「政治とカネ」の問題で辞任した女性閣僚二人も当選という結果となった。

地方創生は、この衆議院選でも「アベノミクスの成果を全国津々浦々まで届ける」方策としてフル活用された。二〇一五年四月に行われる統一地方選もにらめば、地方創生という将来の夢をつくるコンテンツが政治的に必要と判断した、と分析できるだろう。

冷静に見ると、アベノミクスによる財政出動、金融緩和によって株価や都市部の地価は上がってきたが、地方への波及はまだまだであると言える。三本の矢の最後である成長戦略も、「まだ放たれていない」「的を外している」との手厳しい批判もメディアからは出ている。これらの批判をかわすために、地方創生は防護壁として使われた。

3 総合戦略を決定

石破茂地方創生担当相は、次のような発言をよくしている。
「地方創生は日本創生だと思っている。明治以来、連綿と続いてきた中央と地方との関係、官と民との関係、日本人の生き方を根幹から変えていく。今回、これに失敗するようなことがあれば、この国家の将来は極めて厳しいものになるという危機感がある」

地方創生は戦後の一大改革であり、今やらなければならないとする危機感を前面に打ち出す石破氏の物言いは、いつものことながら大仰である。

よく考えれば、「まち・ひと・しごと創生本部」の設置決定から、地方創生の総合戦略の閣議決定まで実質四か月弱しかなかった。となると、戦略はいずれも現在行われている政策を目いっぱい盛り込んだ内容となる。そうなれば、実現可能性に疑問が出るのも当然となる。総合戦略を中心に地方創生策を点検していきたい。

政治主導を演出

二〇一四年一二月二七日、政府は二〇六〇年に一億人程度の人口を維持するとした「長期ビジョン」と、二〇一五年度から五年間の対策をまとめた「総合戦略」、さらに「地方への好循環拡大に向けた緊急経済対策」を閣議決定した。その内容をまず説明していこう。ちなみに、長期ビジョンは「国民の『認識の共有』と『未来への選択』を目指して」がタイトルとなっている。

まず、人口は加速度的に減少し、その範囲は地方からはじまって都市部に広がる、と説明している。同時に、総人口の約二八パーセントが住む東京圏（一都三県）への若者の流入は、仕事の確保や二〇二〇年の東京オリンピック・パラリンピックもあって続くことが十分に予想される。都道府県別に見ると、東京都の出生率が他の道府県よりも低くなっているため、東京圏に若い世代が集中するということは、日本全体の人口減少にも直接結び付くことになる。

人口減少問題を克服するためには、「東京一極集中の是正」「若い世代の就労・結婚・子育ての希望の実現」「地域の特性に即した地域課題の解決」という三つの視点が必要であるとした。これらの取り組みで、出生率は一・八程度に向上するとしているところから、一・八を一つの目標に掲げたと言える。

この人口の安定化、生産性の向上を実現することで、二〇五〇年代にも国内総生産（ＧＤＰ）の成長率を一・五～二パーセント程度を維持するとした。ここから、経済の活力の維持が第一にあることが分かる。

総合戦略は、このビジョンを実施するための二〇一五年から五年間の具体的な計画という位置づけとなっている。ユニークなのが「政策の企画・実行に当たっての基本方針」で、従来の政策が成果を上げなかった、とバッサリ切り捨てたことである。その要因として、以下の五つを挙げている。

❶府省庁・制度ごとの「縦割り」構造。
❷地域特性を考慮しない「全国一律」の手法。
❸効果検証を伴わない「バラマキ」。
❹地域に浸透しない「表面的」な施策。
❺「短期的」な成果を求める施策。

自民党の長期政権時代なら、ここまで厳しい指摘は避けたと思われる。政権交代したことで行政の継続性が一度途切れたことに加えて、官僚主導の政策を批判することで政治主導をアピールしようという思惑があるとも指摘できるのではないだろうか。

PDCAサイクル（plan-do-check-act cycle）

総合戦略の基本構造は、二〇二〇年の基本目標を掲げ、これに対応する施策と、進捗状況を検証する「重要業績評価指標（ＫＰＩ）」を示している。進捗状況を「計画→実施→評価→改善」というＰＤＣＡサイクルを使うことで、バラマキ批判をかわそうという発想だ。

たとえば、「地方における安定した雇用を創出する」として「雇用三〇万人を創出する」という目標を掲げた。主な施策として、地域産業の競争力強化、地方への人材の還流、地方での人材育成、雇用対策がある。一方、ＫＰＩとしては、「農林水産業の成長産業化で六次産業市場一〇兆円、就業者数五万人創出」、「訪日外国人旅行消費を二倍の三兆円で雇用数八万人創出」、「地域の中核企業など一〇〇〇社支援で雇用数八万人創出」を示した。

また、「地方への新しい人の流れをつくる」という目標では、地方から東京圏への転入を六万人減らす一方で、東京圏からの地方転出者を四万人増やすことで転出入を均衡させるとしている。二〇二〇年の東京オリンピック・パラリンピックの年には、東京一極集中を止めるということである。

これに対応した施策は、全国移住促進センターの創設や地方居住推進国民会議、日本版ＣＣＲＣ（Continuing Care Retirement Community）の検討など地方移住の促進や地方拠点機能の強化、地方採用・就労拡大、政府関係機関の地方移転などがある。ＫＰＩでは、「地方移住の推進とし年間移住あっせん件数一万一〇〇〇件」や「企業の地方拠点機能強化で雇用者数四万人増加」などがある。

そして、「若い世代の結婚・出産・子育ての希望をかなえる」という目標では、安心できる社会を達成していると考える人の割合を一九・四パーセント（二〇一三年度）から四〇パーセント以上に引き上げる。また、第一子出産前後の女性継続就職率を三八パーセント（二〇一〇年）から五五パーセントに引き上げるなどといった成果目標を示した。

施策では、若者の雇用対策の推進、正社員の実現加速、子育て世代の包括支援センターの整備、仕事と生活の調和（ワークライフ・バランス）を示し、ＫＰＩには「若い世代の経済的な安定として若者就職率七八パーセント（二〇一三年は七五・四パーセント）」や「男性の育児休業取得率を一三パーセント（同二・〇三パーセント）」などがある。

これらの業績をクリアしたからといって、基本目標やＫＰＩを達成することができるかというと、必ずしもそうではない。想像できるように、基本目標と業績評価指標、そして施策には有機的な結び付きがないのだ。

ホチキス留め

総合戦略のなかには、次のような新機軸の政策もある。

❶本社機能を地方に移す企業への税制優遇措置を導入する。
❷自由度の高い交付金を創設する。
❸政府関係機関を地方へ移転する。
❹地方で就職する大学生については奨学金を優遇する。

だが、「税制優遇としては不十分で、この程度で移転する会社の将来のほうが心配」という声も聞かれる。のちに詳しく述べるが、交付金も制度設計が後回しになり、自治体側からの不信感を呼び起こす結果となっている。政府機関の地方移転についても、都道府県が「どの機関がほしい」と国に提案する方式を採用している。仮に提案しても来なければ、自治体側にとっては壮大な無駄が生まれてしまう。まったくもって、「上から目線の政策」と言えるだろう。

東京一極集中による「東京の国際競争力の確保」と「一極集中の是正」の両立は、言うまでもなくかなり難しい。今、国が行うべきことは、首都機能や大学の移転や分散といった思い切った政策ではないだろうか。

また、総合戦略のつくりにも問題が多いと言える。もともと四か月弱でまとめた内容であるだけに、官僚の作文の域を出ていないものとなっている。その官僚側としても、既存の政策を化粧直しするか、地方側の政策を丸のみするか、増田レポートの元気戦略を採用するかと選択肢はかぎられていた。実際、そのすべてを行ったものとなっている。つまり、地方創生をキーワードにして、「各省庁が進める政策などを集めて整理し、ホチキスで留めただけ」となる。

バブル経済の崩壊後、これまでに経済の成長戦略や再生戦略というものが幾度もつくられてきた。これらの政策が成果を上げているとすれば、今の状況にはなっていない。これらに共通しているのが、それらの戦略が官僚の作文の域を出ていないということである。総合戦略の出自からも、やはり成果が心配になる。

この轍《てつ》を踏まないために、総合戦略は「ＰＤＣＡサイクル」を採用したとアピールしている。それが「バラマキではない」と石破氏が主張している最大の根拠でもある。同時に、成果が上がらなくても「現在見直し中です」として批判をかわす手段にも使える便利な手法となっている。

理念先行

ビジョンと総合戦略の目標や指標は国がつくり、それに沿って、自治体が二〇一六年三月末までに地方版のビジョンや戦略を策定することが要請されている。二〇一五年秋ごろには、多くの自治体が作成を終えることだろう。目標と指標は国がつくるが、その実施は地方任せであり、地方頼み、言ってみれば「丸投げ」ということでしかない。

作成のためには、石破氏が「『月月火水木金金』ではないですが、『産官学金労言』です」と言うように、産業界や行政、大学、金融機関、労働界、新聞社やテレビ局などで推進組織をつくって審議することを求めている。しかしこれは、都道府県レベルでは可能だが、市町村ではかなり難しくなる。

地方版戦略の内容とその進捗状況については、自治体がＰＤＣＡサイクルを使って評価し、国の創生本部が内容をチェックすることになっている。その状況に応じて交付金を配るとしているわけだが、取り組みの違いによって配分額の差が出ることになる。

石破氏は、「格差ができるという考えは敗北主義だ。同じにしようとすればみんなが駄目になる」と自治体間の競争をあおっている。つまり、横並び、護送船団方式から一線を画すということである。となると、知事や市町村長、そして議会の「覚悟が問われる」（小泉進次郎内閣府政務官）ことになるわけだが、彼らにそれにこたえるだけのセンスがあるのだろうか。また、これまでにそのような訓練を受けてきたのだろうか。現実問題として、理念先行も大きな懸念材料と言える。

不透明感

二〇一四年末に決定した経済対策に基づく二〇一四年度補正予算には、交付金として四二〇〇億円が計上された。そのうち、二五〇〇億円が商品券発行や灯油購入補助などの消費喚起策に充てられ、残る一七〇〇億円が地方創生に充てられている。地方創生のうち一四〇〇億円は人口や財政力に応じて自治体に配り、残り三〇〇億円に関しては事業内容を国が判断したうえで上乗せ交付をすることになっている。

二〇一五年三月、政府はこの自治体向け新交付金のうち、三八二七億円の配分を決定した。配分の内訳は、商品券発行などの消費喚起分が一七八二自治体で計二四八三億円、人口減少対策などに活用する地方創生先行分が一七七五自治体に一三四四億円となっている。地方創生分の配分額は、事業別では、観光振興が三一・九パーセントともっとも多く、産業振興二五・六パーセント、人材育成・確保二五・三パーセントと続いた。

全国一七八八自治体の九七パーセントが、購入額に一定額を上乗せした分の買い物ができる「プレミアム付き商品券」を発行することになっている。たとえば、鳥取県が四月に売り出した県内の旅館などで利用できる額面一万円のプレミアム付き宿泊券（一万四〇〇〇枚）は、四分で売り切れるほどの人気となった。この宿泊券の発行は、五月から六月に本格化している。

これらのプレミアム商品券やふるさと名物旅行券、おためし雇用（ＵＩＪターン助成）などは、国があらかじめ例示したものであるということをご存じだろうか。つまり、「これを申し込めば確実に交付金が出る」と、多くの自治体が判断したわけである。募集開始から決定までの期間が三か月程度と短かっただけに、自治体の創意工夫があったとは言えない。

かつて、一九九九年の春、緊急経済対策で実施された商品券である「地域振興券」の経済効果は限定的なものだった。今回のプレミアム券も同様に需要の先食いに終わる可能性が高く、いずれも「統一地方選対策」と呼ばれても仕方ないだろう。さらに、交付金については将来への不透明感が残る。二〇一五年度に地方に回るお金は補正予算で増えたものの、これが続くのかどうかが見えてこない。これまでと変わらず、地方側の表情はさえないままとなっている。

実は、地方創生の交付金が本格導入される二〇一六年度以降の将来像が示されていない。たとえば、「二〇一六年度の本予算でも交付金は一七〇〇億円のままなのか」、「総額が同じだとしても、地方に回るほかの予算を削って工面するのか、それとも純増となるのか」といった疑問が噴出している。これらが、地方自治体側がもっとも知りたいところだという。

二〇一五年六月末に閣議決定した地方創生の基本方針は、総合戦略をなぞっただけで新味はなかった。八月末の二〇一六年度予算の概算要求で方向性が示されるというが、財政難もあって一〇〇〇億円程度となりそうだ。ここが明らかにならないかぎり、自治体も本気にはなれないだろう。新交付金も含めた創生関係の予算を、少なくとも総合戦略の期間中となる五年間はどのような形でいくらを確保するのかについて、政府は全体像を示すべきである。

4 問われる地方自治

地方への人材還流、移住促進、企業の本社機能を地方に移転促進することなどによって東京一極集中を是正し、地方への新しい人の流れをつくり出す施策が総合戦略に位置づけられたことは、地方からの提案が概ね反映されたものとして一定の評価ができると考えられる。これが、国の地方創生策を肯定する立場に立ったときの地方側の代表的な意見である。

初期段階の見解としては正しいと言えるだろう。課題は、地域戦略をつくったあと、自治体が期待するだけの支援があるのか、またその支援策に効果があるのか、である。その答えが出るまでには時間がかかる。これまでの地方活性化策と同様、失敗と分かったときにはすでに新しい活性化策がひねり出されているのかもしれない。

二律背反《にりつはいはん》

二〇一五年四月に行われた統一地方選では、現職の一〇道県知事がそのまま当選した。また、四一道府議選でも自民党が過半数を占めた。与党候補であれば、「安倍晋三政権との太いパイプを生かして地方創生を進める」と有権者に訴えれば、夢があるような雰囲気を醸し出すことができるし、アベノミクス効果が出ていないと考える人に対しても、少しは期待を抱かせることが可能となる。事実、統一地方選では、過去最低の投票率と政治離れが深刻化するなか、「地方創生策、アベノミクスが評価された」と安倍政権が自画自賛できる結果となった。

地方創生の取り組みで考えると、安倍政権が東京一極集中の是正などを強く意識したことには意義がある。その半面、世界の都市間競争に東京が生き残らないと、日本経済の活力を維持することは難しいという事実もある。

とくに、二〇二〇年の東京オリンピックにあわせて都市のリニューアルが必要だ。「東京・品川―名古屋」を四〇分で結ぶリニア中央新幹線は二〇二七年の開業を目指しており、実現すれば東京と名古屋の一体化によるメガリージョンができる。「地方創生」と「東京の活性化」という、一見、二律背反するテーマを同時に進めなければならないというのが現在の状況である。

石破茂地方創生担当相も、五年間で成果を上げることの難しさは認めている。新しい交付金を配ったとしても、当面の間は目に見える成果は出てこないだろう。要するに、地方創生は容易ではないのだ。戦後の永遠のテーマであり、「これをすれば大丈夫」という一発逆転策はないのだ。

国がなすべきことは、東京の経済には直結しない首都機能や大学の移転に加えて、地方を支える農林水産業や製造業を支援することだ。そのためにも、少子化対策や地方創生の観点から予算のあり方を抜本的に見直し、有効な対策をつくり出す必要がある。決して、ＰＤＣＡサイクルを使って自治体が取り組む地方戦略の進捗状況をチェックし、交付金の多寡を決めることではないはずだ。

上から目線

地方も発想を変える必要があろう。まちがいなく地方創生は可能であるが、その方法となると、自治体、地域、集落によって異なることをふまえなければならない。そのためにもっとも重要となるのが人材の確保である。地方創生の主役は、あくまでも自治体であり、地域の人々なのである。

元気のいい、個性のある地域に行くと、必ずそこには輝く人が存在しており、発想の豊かな組織がある。国の想像を超えた新制度をつくって都市機能の集約を進める首長、地域の魅力を発信して移住者を呼び込む役場、地域おこしのために自転車観光を広めているNPO法人理事、空き家をサテライトオフィスに活用する市民団体など、きら星のごとく存在している。

それらの中心にいるのは、家業を継ぐため「Uターン」した人、仕事のために移り住んだ人、地元の大学を卒業して市民活動をしてきた人らとさまざまである。共通しているのは、地域に貢献する利他的な心をもち、自分自身も楽しみながら地域の将来を心配し、前向きに行動するという姿勢である。

人材対策として安倍政権は、二〇一四年一〇月末、「日本版シティマネージャー派遣制度」を発表した。小規模市町村に、中央省庁の若手官僚、シンクタンク職員、大学准教授らを副市町村長などとして受け入れてもらうという発想だ。二〇一一年三月一一日に発生した東日本大震災の被災自治体に派遣された若手官僚が活躍したことから思いついた施策という。確かに、震災直後の混乱期は、中央とのパイプをもつ官僚のリーダーシップが必要だった面はあろう。しかし、その後の地域づくりではやはり地元の職員が主役となる。官僚を派遣すれば何とかなるという中央統制的な施策は、地方分権の成果が乏しい安倍政権らしい発想とも言える。

結局、二〇一五年三月に制度の名称を「地方創生人材支援制度」と変更し、三八道府県の六九市町村への派遣を決めた。その内訳は、国家公務員四二人、大学研究者一五人、民間人材一二人となっている。

「このなかには、私の地元の長門市に行っていただく木村さんがいると思います。どんな問題があるか、どんな課題があるかは、よく私が人間関係も含めてですね、教えてあげたいと思います」と、安倍首相が激励会で上から目線で話したのはご愛嬌として、受け入れ自治体の首長の思惑は、中央省庁とのパイプをつくることで予算確保を容易にしたいというものだった。二年程度派遣されたあとは本省に戻るという人材に対する期待としては、この程度が精いっぱいであろう。

若者、よそ者

人材の点からは、都市から移り住んで地域ブランドや地場産業の開発、販売などといった活性化に取り組んでいる総務省の「地域おこし協力隊」のほうが期待できる。隊員の約八割が二〇～三〇歳代と若く、一～三年の任期が終わっても、隊員の約六割が就職したり起業したりして同じ地域に定住している。

田園回帰という若者の動きもあって、二〇一四年度には四四四自治体に一五一一人を派遣している。総務省は、今後三年間に隊員数を三倍の約三〇〇〇人にする方針である。隊員一人当たり四〇〇万円を上限にして国が受け入れ自治体を支援しているので、自治体の持ち出しはない。それが理由で受け入れ希望自治体は増えているが、優秀な若者を確保できるかどうかが次の課題となっている。

人づくりの面から注目したいのが、東日本大震災時に東京のNPO法人が行った「右腕派遣プログラム」だ。被災地のリーダーのもとに、手伝いのために若者を送って復興に役立てようという事業である。地域のために働くNPOや企業などのトップのもとに、優秀な人材を補佐役として送り込むという仕組みはできないものだろうか。そうすれば、地域を支えるリーダーとしての役割を果たす時間的な余裕も生まれるはずだ。

「被災地の元気企業四〇」という報告書を復興庁がまとめた。東日本大震災からの単なる復興ではなく、新たな挑戦をして成果を上げている企業を選び、「創造的な産業復興を目指すフロントランナーたち」として紹介している。

仙台市で開かれた「新しい東北」官民連携推進協議会でもこの報告書の人気は高く、すぐになくなってしまった。復興庁の幹部は、「紹介した企業の取り組みを見ると、『補助金、ハコモノ、コンサルではない』ということだ」と解説してくれた。つまり、国や自治体からの補助金に依存したり、公共施設の建設頼みだったりすると活性化は難しいということであると同時に、東京在住のコンサルタントの言いなりもダメということである。

活性化には、「若者」「よそ者」「ばか者」の活用が重要となる。大都市には、「このまま都会で働いていても……」と悩んでいる若者が大勢いる。また、退職後に「経験を生かして何か生きがいを」と模索している高齢者もいる。役場に官僚を派遣するだけでは能がないだろう。都会から地方への人材の還流、地元でやる気のある人の支援が創生策の肝である。

地道な努力

地方創生に必要なのは、「新しい発想」と、長時間かけてでも成し遂げるという「忍耐力」である。当たり前のことだが、成功に向けては長い期間にわたる苦闘がある。国が主導して全国一斉にはじめたからといって、うまく行った例がいったいどれだけあっただろうか。

山形県鶴岡市、目の前は日本海というロケーションに「市立加茂水族館」が造られている。JR鶴岡駅からバスで三〇分という距離にあるこの水族館、クラゲの展示種類数が世界一ということで知られている。テレビなどでも紹介されたからご存じの方も多いだろう。二〇一四年六月に改築オープンしてからの来場者数は、年間で七〇万人を超えた。それまでの年間の最高来場者数約二七万人をはるかに上回る大人気となっている。

漁港近くにある二階建ての施設には、地元の淡水魚、海水魚などの水槽が続き、最後がメーンとなるクラゲの展示場所となっている。薄暗い水槽の中には、泳いでいるのか、流されているのか、ユラユラしながら体から七色の光を発するクラゲもいる。飽きることがない時間が流れている空間である。

最後に「クラゲシアター」があった。直径五メートルの円形水槽では、ミズクラゲ二〇〇〇匹前後が円を描くようにたゆたっている。エンドレスの環境映像を見ているような感覚に陥ってしまった。

「別の水槽で、毎日、ミズクラゲを約一〇〇〇匹ずつ増やしています。このうち、姿のいい二〇～三〇匹を選んでシアターに入れています。傘に傷のついた個体と入れ替えるためです」と、水族館の担当者が説明してくれた。最近は、シアターの中で生まれ育つクラゲも出てきたという。

加茂水族館に展示されているクラゲ
〒997-1206　鶴岡市今泉字大久保657-1　TEL：0235-33-3036

クラゲ展示のはじまりは、客離れにあえいでいた一九九七年のことである。サンゴの水槽に偶然いたクラゲをお客が熱心に見ていた。その光景を見た担当者が「人気が出る」と確信し、クラゲにかけたわけである。もちろん、飼育や展示の方法などはすべて手探りという状態であった。個性的な環境をつくり、それを伸ばすことで評価されて観光客を呼んだという例である。

一方、宮崎県はシロチョウザメの養殖に力を入れている。二〇一三年一一月からは、本格熟成されたキャビアの販売も行っている。完熟マンゴーに次ぐ新しい名物にすることで、「将来は一〇〇億円産業に育てたい」と県は意気込んでいる。

もちろん、苦労も多いと聞く。オスかメスかを見分けるためには、三～四歳のころにお腹を切ってチェックし、メスには通し番号のタグを付けて一匹ずつ管理している。育ち具合を観察しながら、卵がキャビアにもっとも適した大きさになるときに取り出しているという。

「キャビアが取れるようになるまでに九～一〇年はかかりますね。その間、専用の餌を毎日三回与えて、水の管理も怠ってはいけないのです」

養殖業者がその大変さを語ってくれた。同じ年に生まれたチョウザメごとに育てるので、プールのような養殖池が一〇程度は必要だという。投資を回収するまでの時間が長く、リスクも大きいわけだが、その熱意には頭が下がる。

宮崎県水産試験場のチョウザメ研究は三〇年を超えている。この間に、天然産を使わない完全養殖の技術を確立した。毎年五万匹の生産が可能になったことから、民間業者も含めた養殖がはじまった。

「ウナギ養殖は稚魚の減少から将来が見通せない。アユやイワナなども頭打ちだ」という事情が、この動きを後押ししたという。チョウザメから生産される商品はキャビアだけではない。身は歯ごたえのある白身で、どんな料理にも生かせるという。

本物の活性化策は、このような数十年の地道な努力のあとに花開くのではないだろうか。政策を押し付けるだけではなく、国は地方独自の取り組みを支援することに力を注ぐべきである。

地域の維持と対流

それでは、市町村の首長はどう対応すればいいのだろうか。中山間地域と中小の都市、それと中心都市に分けて対策を練るとともに、複数の自治体で連携することを考える必要があろう。

人口減少、高齢化が深刻な中山間地域や中小の都市では、入ってきた富を外に出さないために地域でお金を回すことが重要となる。地産地消、エネルギーの自給自足を考え、そこでの雇用を確保する。目標は、発展ではなく「地域の維持」に置くべきである。そのためには、まず基幹とする農林水産業の現状維持が前提となる。そのうえで、地域の雇用、産業を支えるための小規模事業者への支援や新陳代謝、そして起業を促していく。

創生策は、平成の大合併で大きくなった市町村の単位ではなく、顔の見える小学校区の単位から積み上げでつくっていくほうがよい。買い物支援や高齢者の見守りなど、地域が必要としているニーズを解決するソーシャルビジネスによって雇用を生み出すことを考えるべきである。国土交通省の小さな拠点づくり、高知県の集落活動センター、島根県雲南市の小規模多機能自治などといった取り組みが参考になるだろう。

また、太陽光発電などでできた電力を一定期間、固定価格で買い取る制度（ＦＩＴ）を使って地域活性化に寄与するため、群馬県中之条町のように地域で新電力会社（ＰＰＳ）を設立した例もある（一〇九ページの写真参照）。地方交付税や年金などの形で地元に入ってきたお金を、電力の購入によって再び都会に吸い上げられるのではなく、地域内で回すことで新しい雇用にもつながる。

そして、県庁所在地や第二の都市などは、東京やブロックの中心都市に対する防波堤の意識をもつべきであろう。駅などを中心としたコンパクト化を図ることで、将来的なインフラ整備や社会福祉のコストを下げることも可能である。さらに、ここにサービス業を中心とした若者の雇用の場を確保すればよい。

それ以外にも、公立大学、地方大学の充実を進めるとともに、東京など大都市から高齢者が移り住んで生活するコミュニティー（ＣＣＲＣ）、事業継続計画（ＢＣＰ）の観点から本社機能の一部を移転する企業の受け皿となることも目指すべきであろう（三一ページ、二三一ページも参照）。

同時に、自治体の間で役割分担も必要となる。すべての市町村がホール、図書館、スポーツセンター、病院などをフルセットで所有するのではなく、近隣の自治体と共有することで地域として必要な社会サービスを維持しながら、更新コスト、投資を減らしていくのだ。

総合戦略では、人口五万人程度の中心都市と周辺の市町村が連携する総務省の「定住自立圏」の形成や、経済的な結び付きが強い三〇万人程度の「連携中枢都市圏」を意識して政策をつくるように提案している。消滅可能性都市と名付けられたように、人

CCRC を検討する松本市のシンボル松本城

口減少や財政難を考えれば一つの自治体でできることには限界がある。役割分担とともに、地域の個性や価値を高めることで観光客や移住者を呼び込み、人の対流をつくり出すことも忘れてはいけない。

政府のいう地方創生を、覚めた目で見ている首長もいれば、チャンスとして捉えている首長もいることだろう。しかし、地方創生で「成果が出ていない」との批判が高まれば、「創生できない責任は自治体側にある」と国が責任転嫁できる仕組みになっていることを忘れてはいけない。自由度の高い交付金を得て創生策を実施することによって、自治体の責任は重くなるということだ。

国への期待ができないので繰り返しておく。地方創生とは、首長、議会の能力が直接問われている事案なのである。

第2章 見通せない未来

老朽化対策を進める首都高速道路

地方の状況を語るうえで、「急速な人口減少」と「高齢化」というのが枕言葉になってしまった。何があっても、背景にはこの二つが存在している。しかも、克服することが不可能とも言える。具体的に、地方でいったい何が起きているのだろうか。本章では、空き家の増加、土地の所有者の不明、自治体の破綻、社会資本の老朽化などを中心に、多くの街の現状を見ていきたい。

1 急増する空き家

管理されていない空き家が急増している。その理由は、所有者の死亡に加えて、入院や高齢による施設への入所、転勤などとさまざまである。これらの結果、豪雪や台風で倒壊するなど安全上の問題を引き起こしている。それに、若者のたまり場となるなど防犯上の課題も生まれている。これらに対応するため、所有者に適正管理を求める条例をつくる自治体が相次いで出てきた。

モグラたたき

秋田県南東部の農村地帯にある大仙《だいせん》市は、全国花火競技大会で知られる旧・大曲市を中心に、周辺の仙北郡七町村が合併して誕生した。人口は約八万七〇〇〇人で、市の中心はJR大曲駅の周辺となる。駅前を見ると、商店街を歩いている人は少ない。使われていないと思われる木造住宅も目に付く。冬には、一～二メートルの積雪があるという。

子どもは仕事を求めて都会に出ていく。その後、家を守っていた親が介護施設や子どものもとに行けば、家屋を手入れする人がいなくなる。その結果、空き家が大雪で倒壊したり、台風などで屋根のトタンが飛んでしまったということが何度もあった。

「怪我人が出てからでは遅い」という危機感が市役所を動かした。二〇一二年一月、「空き家等適正管理条例」を大仙市は施行した。空き家などの実態をまず市が調査し、危険であれば所有者に取り壊しや補修を指導および勧告することになっている。所有者が従わない場合は、行政代執行によって市が代わりに取り壊すという内容になっている。

条例を策定した理由を、進藤久総合防災課長が次のように説明してくれた。

「家一軒を壊すのに一〇〇万円はかかります。この金額を出せない人もいるし、空き家の所有者が見つからないケースもあります。倒壊の危険性が高ければ、市が緊急にでも取り壊す規定が必要と判断したのです」

同年の三月には、市内にある小学校に隣接した元事務所や物置など計五棟の建物を行政代執行で取り壊したという。子どもの安全を優先するためで、費用の約一八〇万円は所有者に請求したが、支払い能力がなく土地を差し押さえることになったという。

大仙市《だいせん》が実施した実態調査では、まず市内に五〇五ある全自治会にアンケートを配り、これで得られた情報をもとにして、臨時職員一〇人が実際に歩いて家の状況を点検した。その結果、空き家は一四一五軒と特定された。それを、危険度に応じて四つのランクに分けたのだが、雪で倒れる恐れのあるもっとも危険な「赤」は六一軒にも上ったという。これらを色分けして地図で示し、苦情などが来ればすぐに対応できるように備えた。

ただ、「四月初旬の暴風で、トタンが飛ぶ家がかなりありました。また見直さないといけない」と進藤課長は話していた。危ない建物を取り除いたり修繕したとしても、年が経つとともに次々に問題が生まれてくる。モグラたたきのような状況が続いている。

都市の貧困

次に、埼玉県所沢市の例を見てみよう。所沢市は、池袋か

大仙市で建物が取り壊された跡

ら私鉄に乗って三〇分程度で着く東京のベッドタウンである。一九六〇年代の高度経済成長期から、一戸建てや団地が開発されてきた。住宅街を歩くと、庭木が伸び放題になっている一戸建てが目立ちはじめている。

二〇〇九年四月から、所沢市は空き家に関する相談を受け付けはじめた。その相談の多さから、「適正な管理を求めるには条例があったほうがいいと判断しました」と前田広子防犯対策室長が話してくれた。そして、二〇一〇年一〇月に条例を制定している。

条例の実施状況を見てみよう。二〇一二年三月末までに相談があったのは一七一件だった。このうち、一〇一件は解決している。そして、条例に基づいて勧告したのは八件だった。「条例の趣旨を説明すれば、持ち主が庭木の手入れをしてくれるケースが多いです。最後は住宅や土地を売ればいいので、大仙市のような行政代執行は考えていません」と、前田室長は説明する。同じ空き家問題でも、大都市周辺では次に住む

手入れの行き届かない住宅が目立つ所沢市

人が見つかりやすいだけに、行政の対応も違ってくるというわけだ。

一方、地元NPO法人「空家・空地管理センター」の上田真一事務局長は違う問題を指摘した。(1)バブル期には一億円前後の値段を付けた住宅もあるが、それらが遺産相続となると、「二〇二〇年の東京オリンピックまで待てば値上がりするのではないか」と期待して待っていることや、「もう少し生家を残しておきたい」と売却をためらうケースもあるという。

もちろん、相続でもめたりすることもある。売却ができる地域では、遺産相続をスムーズに進めるため、専門家が相談に乗るなど条例の対象になる前のケアが必要だともいう。固定資産税の特例を見直し、保有コストを引き上げることも有効だと話している。

東京都の二三区も見てみよう。

足立区では、住宅の老朽化に注目した条例を策定している。外壁が落下する事故をきっかけに、二〇一一年一一月に「老朽家屋等適正管理条例」を導入した。全家屋を調査すると、一パーセントに当たる一七四三軒の家屋管理が不十分だと判明した。そのうち五七軒は、倒壊などの危険があるとして対処を求める方針という。

「戦後の混乱期や高度成長期に建てられた古い建物は、道路に面していないため、建築基準法上は同じ場所に建て替えができないケースも多い。住宅が老朽化して危険だと分かっていても、修理などのお金が出せず、住み続けざるを得ない高齢者や生活保護世帯もいる」

このように指摘する足立区の条例は、補助金を出して安全対策を急ぐという内容となっている。貧困化が問題をより複雑にしている、と言えるケースである。

政令指定都市でも

空き家問題は大都市にも共通している。二〇一四年四月現在、二〇ある政令指定都市のうち半数が条例を策定している。まず、東日本大震災の被害を受けた仙台市の例を見てみよう。仙台市は、民間賃貸を借り上げて仮設住宅として活用した。そして、被災した空き家の解体については国の補助で進めていた。

それでも「管理に問題がある」と市民から情報提供があったのは二〇一三年一一月末のことで、四一四軒に上った。このうち三五七軒は、所有者らに適正な維持管理を依頼したものの、残り五七軒は所有者が特定できないなどの理由で指導ができないままになっていた。

高齢者世帯の急速な増加に伴い、管理が不十分な空き家が増える見通しとなっている。この状況を受けて仙台市議会は、「空き家適正管理条例」を議員提案で制定した。二〇一四年四月から施行されたこの条例は、市民からの情報提供を受けて市が実態調査を行い、もし管理に不全があ

（1）住所：〒359−1144　埼玉県所沢市西所沢2−1−12　第2北斗ビル　TEL：04−2925−0250

れば所有者に改善を助言・指導したのちに勧告し、命令をする、となっている。もし従わない場合は、所有者の氏名などを公表する罰則もあるほか、市長が行政代執行で取り壊すことも明示している。基本的には、撤去を促進する内容となっている。この狙いについて、仙台市は次のように説明している。

「空き家への市の対応を分かりやすく示して所有者の管理意識を高めてもらい、問題となる空き家をできるだけ減らしたい」

需要があれば

どちらかと言えば、空き家の活用に注目したのが京都市である。不動産業者の活動に期待した条例をつくっているのだが、その背景を次のように解説してくれた。

「戦災に遭っていないこともあって、都心部では細い路地奥に古い建物が残っています。路地ブームもあって、手を入れて賃貸に出せば若者を中心として需要があるのです」

建築基準法の制約によって、そのままの場所や規模では建て替えができない住宅が多い。俗に、既存不適格と言われるものである。これまでに相続が何度かあったことで、所有者の管理者としての意識が薄れたという例も目立っている。これを受けて二〇一四年四月に施行した「空き家の活用、適正管理条例」では、所有者が賃貸や譲渡しやすい環境づくりを進めている。京都市の思いはこうだ。

「不動産業者などと連携して、官民でワンストップの相談窓口をつくっています。そこで需要が見込める空き家は、積極的に民間が賃貸などで活用していくのです。それ以外のケースでも、地域や大学と協力してゲストハウスや福祉拠点など町の活性化につながる施設に使いたいと思っています」

同じ関西だが、神戸市は安全の観点から「建築物安全性確保条例」を改正し、二〇一三年七月に施行している。改正の理由については、「老朽化して危険な家屋があるのに、その所有者に是正の意思がない場合などは、建築基準法だけでは有効な対応ができない」と説明している。

そして、所有者の対応を支援するための条例として次の三つの制度を盛り込んでいる。

❶相続や解体撤去などの相談を受ける専門家を派遣する。
❷解体費用の一部を補助する。
❸土地建物の寄付を受ければ、建物は市が除却する。

古い建物が目立つ京都市内

支援を厚くすることで、事故が起きる前に建物を解体しようという発想となっている。

一方、空き家条例に頼らない政令市もある。大阪市がそのケースだ。「建築基準法に基づく所有者への粘り強い指導などもあって、危険な家屋は増えていない。民間による再開発も進んでいる。人口も少しずつ増えているため、適正管理の条例の必要はまだない」

人口の増加というのは、空き家問題を顕在化させないという効果があるようだ。

その一方で、大阪市は住宅の敷地内にゴミをため込む「ごみ屋敷」対策のための条例を制定している。「住居における物品等堆積による不良な状態の適正化条例」という名称で、二〇一四年三月に施行されている。

ほかの政令市の状況はどうだろうか。福岡市も空き家対策の条例を同年四月に施行した。新潟市は空き家が犯罪の温床にならないように条例で対応してきたが、今後は「管理面から条例が必要かどうかを検討中だ」という。条例がない札幌市や横浜市も、「国会で議員立法の動きもあり見守っている」という。これら以外の市でも、「要綱を策定し対応している」（堺市）、「老朽化対策の窓口を一本化している」（岡山市）、「住宅を取り壊す場合の費用を一部補助している」（北九州市）と、何らかの対応を進めているというのが現状である（**表2－1**参照）。

表２−１　政令指定都市の空き家条例の策定状況（2014年４月現在）

適正管理を求める条例を施行済み	さいたま、千葉
適正管理の条例を2014年４月１日に施行	仙台、名古屋、京都、福岡、熊本
防犯や地区の再生、建築物の安全に関する条例に空き家対策盛り込み	新潟、浜松、神戸

国もやっと……

空き家の壁が落ちて怪我人が出れば、所有者に賠償責任が問われる。条例がなくても適切な管理が求められるのは当然である。危険になれば、建築基準法などに基づいて自治体側が行政代執行によって強制的に取り壊すことは今でもできる。それにもかかわらず、自治体が条例を導入するのはなぜだろうか。その理由として次の三つがある。

❶所有者の責任感が希薄になっている。

❷空き家の急増に対応するには、危険になる前からの予防的な対策が必要となる。

❸住宅を取り壊す建築基準法などの手続きは時間がかかりすぎる。

これらの判断からと分析できるわけだが、適正化条例の多くは空き家の状況を行政が調査することからはじまる。もし危険性があれば、修理や取り壊しなどを所有者に対して指導や勧告し、従わない場合は氏名を公表する内容となっている。倒壊などの危険性が高い地域では、行政代執行の手続きを定めている例も先に挙げたようにある。

表２−２　代表的な空き家などの対策条例

秋田県大仙市	空き家等適正管理条例	豪雪による倒壊防止が主な目的。所有者に適正管理を指導、命令し、行政代執行で取り壊しもある。
埼玉県所沢市	空き家等適正管理条例	空き家の所有者に適正管理を指導、勧告、命令。従わない場合は、氏名の公表。
東京都足立区	老朽家屋等適正管理条例	空き家に限らず危険な建物の安全確保を所有者に指導、解体除去に助成も。
和歌山県	景観支障防止条例	廃虚化による景観の悪化防止が目的。住民が共同で廃屋の取り壊しを知事に要請できる。
松江市	空き家管理条例	空き家の適正管理を所有者に義務付け。まちなか居住促進のため若年者への家賃支援もある。

その際、補修や取り壊しの費用を補助する自治体もある。この点から、わざわざ条例を作成し手続きを明確にしているのは、個人の資産である住宅の補修や取り壊しに税金を使うことについて住民の理解を得るためとも言える。

国土交通省によると、何らかの空き家対策を盛り込んだ条例を策定した自治体数は、二〇一四年一〇月現在四〇〇を超えている。その狙いは自治体の状況によって違う。

代表的な例では、豪雪による倒壊防止が先ほど紹介した秋田県大仙《だいせん》市、防犯面の強化が中心なのが埼玉県所沢市であり、景観保全の観点が強いのは、和歌山県の「建築物等外観維持保全および景観支障状態の制限条例」である。また、松江市の「空き家を生かした魅力あるまちづくりおよびまちなか居住促進推進条例」のように、若者のまちなか居住を促進するための支援といった例もある（**表2－2**参照）。

条例化を急ぐ自治体の要請を受けて、自民党も「空き家対策推進特別措置法」（特措法）を国会に提出し、二〇一四年一一月の臨時国会でやっと成立させた。特措法の柱は以下の内容となっている。

❶自治体による空き家への立ち入り調査を認める。
❷所有者を特定する際に、固定資産税の課税情報を特例として使えるようにする。
❸市町村は空き家データベースを整備する。
❹放置することが不適切な「特定空き家」の所有者に対して、助言、指導、勧告、命令ができ、命令が履行されない場合は行政代執行法に基づき対応できる。
❺命令違反には五〇万円以下の過料に処する。

固定資産税の課税情報を使うことは、地方税法二二条で定めた「秘密漏えいに関する罪」の「秘密」に該当するとして、同じ役所のなかでも税務所管課外に提供できないとされてきた。特措法の制定によって、この情報を使って空き家の所有者の調査をすることができるようになったわけである。

税法上の特例措置も、二〇一五年度の与党税制改正大綱で見直された。市町村が改善を勧告した「特定空き家」の土地については、固定資産税の軽減特例の対象から外すというものである。これまでは、住宅のある土地の固定資産税額は六分の一などに軽減されてきたわけだが、これが空き家のまま家屋を放置する理由の一つと指摘されてきた。

潜む課題

現在の空き家対策は対症療法にすぎない、という厳しい見方もできるかもしれない。今後の人口減少や地方部での人口流出を考えれば、空き家が増えるのは当然と言えるからである。取り壊しを優先すれば自治体の補助金負担が増えることになり、財政にも悪影響を及ぼすことになる。事実、限界に近づいているとも言える。

では、どうすればいいのだろうか。言うまでもなく、中古住宅の流通を活発化させることが第一となる。ただ、一戸建て住宅の流通促進策で対応できるのは、大都市と地方の主要都市以上の市街地だけに限定されるだろう。それ以外の地域では、別荘として使うなど、二地域居住を進めるなど地域活性化策での対応になると分析できる。

抜本的な策としては、新築住宅の建設に重きを置いた住宅政策を見直し、中古住宅の活用促進に転換することが挙げられる。具体的には、個人が所有する一戸建て住宅を賃貸や売買に出しやすいように流通ルールを整備することだ。さらに、取得を支援する面からは、住宅ローン減税の拡充などが考えられる。行政側も、老朽化した公営住宅の代わりとして使うなど公共的な使用も考えるべきだろう。

ただ、アベノミクスを標榜する安倍晋三政権においては、二〇一四年四月の消費増税による景気への悪影響を払拭し、三年後に再増税を確実にする必要がある。このため、新築住宅の取得を促す経済政策を採用している。その一方で、全国の住宅ストック数は総世帯約五二五〇万戸より一六パーセントも多い約六〇六〇万戸もある。つまり、量的には充足しているわけだ。これを考えれば、新築住宅の推奨は空き家対策とは矛盾すると言える。

総務省によると、一九八八年に三九四万戸だった全国の空き家数は、二〇一三年には八二〇万戸に増えている。空き家率は、同時期、九・四パーセントから一三・五パーセントになっている。それらの多くは、賃貸用や売却用、または別荘として管理されている。このため、何らかの対策が必要とされるのは、「その他の住宅」三一八万戸のうち木造の一戸建てに絞られてくるという（**図２－１**参照）。

長期的にはどう対応すればいいのだろうか。野村総合研究所の榊原渉氏（上級コンサルタント）は、「中心部に集まって住むコンパクトシティーを打ち出し、周辺から移ってもらう仕組みが必要だ」と指摘している。住宅の老朽化にあわせ、中心部に住み替えを促すような街づくりに向けての戦略が必要だということだ。

図2−1　空き家の現状

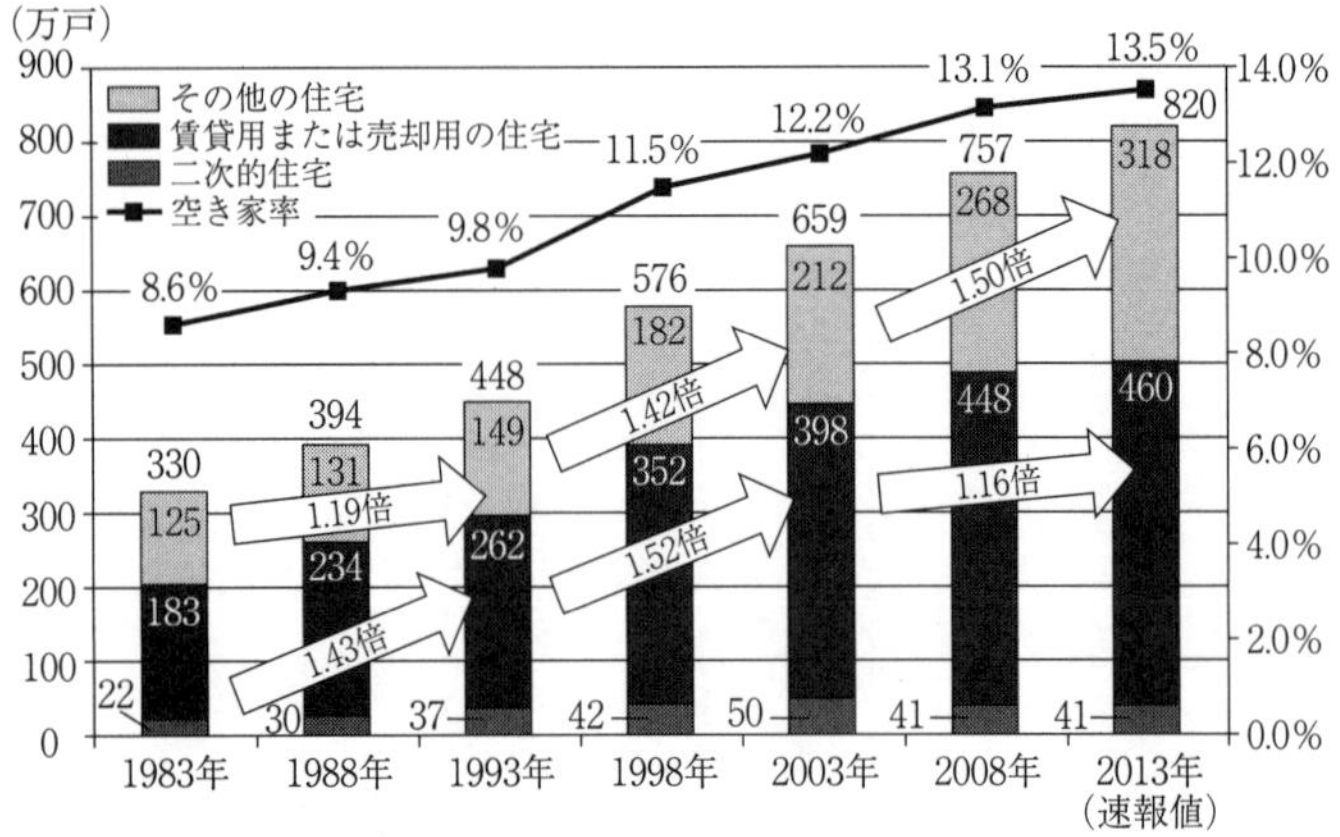

［空き家の種類］
二次的住宅：別荘およびその他（たまに寝泊まりする人がいる住宅）。
賃貸用または売却用の住宅：新築・中古を問わず、賃貸又は売却のために空き家になっている住宅。
その他の住宅：上記の他に人が住んでいない住宅で、例えば、転勤・入院などのため居住世帯が長期にわたって不在の住宅や建て替えなどのために取り壊すことになっている住宅など。

出典：国交省。

富士通総研の米山秀隆氏（上席主任研究員）は別の課題を取り上げた。

「これら中古住宅は、高度成長期に大量供給された物件が中心で、質も低く郊外だと立地も悪い。中古利用は難しい」としたうえで、「今後二〇～三〇年後には、老朽化したマンションの取り壊しも大きな問題になる」と述べている。この言葉からも分かるように、都市部には「マンションのスラム化」という新たな課題も潜んでいる。

2 外資による水源地購入

中国などをはじめとして、海外資本による山林の買収が目立ちはじめている。日本は自由経済の国であるため、外資に対する規制がない。どこの国の資本が日本の土地を買ったとしても、法律にさえ従っていれば問題ないのだ。ただ、二一世紀は「水の世紀」とも呼ばれているように、世界的には中国も含めて水不足が深刻化している地域が多いのも事実である。日本の水資源、森林が狙われていると考えるのも、あながち大げさな言い方ではあるまい。

自治体の間には、「買収後、地下水が勝手に抜き取られるのでは」とか「土地をどう使われるのか分からない」という危機感も広まっている。このため、水源地や水資源の保護を理由に、条例において対応を進める自治体が増えてきた。

訴訟リスク

北海道の調査によると、二〇一一年五月末で、法人、個人合わせて四三件、面積では九二四ヘクタールの森林が外国資本に買収されていた。大規模取引に限定した林野庁と国土交通省の全国調査では、二〇〇六～二〇一三年の間に全国九道県で七九件、九八〇ヘクタールの買収があったという。この数字について、東京財団の平野秀樹研究員(2)は厳しい見方をしている。

「急激な過疎と林業の衰退で、多くの森林が売りに出されている。買っても登記しない、企業ごと買い取るなどの例もあり、北海道や国の調査した数字は氷山の一角だ」

海外資本の動きを象徴するケースを紹介しよう。北海道にあるミネラルウオーター会社には、二〇〇九年の夏、「水源の森と工場を合わせ四五億円で売ってもらいたい」という打診があったようだ。買収の話は断ったものの、「その後もバックに中国資本がいるブローカーから同様の電話が何回かあった」と、同社は証言してくれた。

北海道庁は、外資の購入については利用目的が不明で、連絡が取れないケースも多いとして対応に乗り出した。そして、二〇一二年四月には水資源保全条例を施行している。その背景には、「水資源は大きな価値をもっている。守っていくた

買収話が出た北海道の水源地

め、土地取引に一定の制約が必要だ」（高橋はるみ知事）という考えがあった。

条例の内容は、水資源保全地域を指定し、地域内での土地取引については、三か月前までに知事へ届け出るよう売り主に義務づけるというものである。水源地に民有地のある道内半分の市町村で保全地域を設定している。北海道は、条例の利点について次のように強調している。

「買い主から事後に届けてもらう国の森林法に基づく制度では遅すぎる。売り主から取引情報を出してもらい、地下水の採取も含めてどう開発するかを事前に話し合ったり、指導できるのは大きい」

この事前届け出タイプの条例は、他の自治体のひな型となった。埼玉県も同様の条例を同年四月に施行しているし、その後、山形県、群馬県、長野県など多くの自治体が同様の条例を策定している。

守り抜く

一方、市町村は別な方法で対応している。浅間山の北に位置し、温泉やスキー場、キャベツ栽

（2）非営利・独立の民間シンクタンクとして、さまざまな問題の本質を見極め、同時に生活感覚や現場感覚を大切にしながら、具体的な政策を実現するために世の中に働きかけている公益財団。また、社会に対する志と、広い視野・深い知恵をもった人材の育成を国内外で行っている。

培でも知られる群馬県嬬恋村は、開発適正化条例を改正し、二〇一二年二月から地下水くみ上げの規制を導入している。シンガポール在住のある人物が山林を購入したことが分かったため、緊急避難的な措置として実施したものである。その理由を次のように説明している。

「購入された山林が村の水源地に近かった。もし、地下水を取水する場合でも、事前に調整ができるような仕組みにしておきたかった」

一方、湧き水が豊富な宮崎県小林市では、二〇一一年一〇月に水資源保全条例を施行している。海外の会社がボーリング調査しているとの情報が住民から寄せられたことから、井戸の新設を許可制にすることで外資の動きを把握しようという発想であった。

ただ、地下水のくみ上げを許可制にする方法について北海道は、「民法では、地下水は土地所有者の権限の範囲内で、過度な私権の制限は難しい。訴訟を起こされるリスクもある」として見送った経緯がある。民法に基づく土地の所有権の範囲は、「法令の制限内において、その上下に及ぶ」とされているからだ。

高橋はるみ知事は、北海道東北地方知事会を通じて同年一一月、地下水の法的な位置づけを定める基本法の制定などを国に提言している。訴訟リスクを避けるためにも、「地下水は公のもの」と国が法律で定めるべきだという要望である。

この提言を先取りしたのが熊本県である。地下水保全条例を改正し、二〇一二年一〇月から大口取水を許可制にしている。水道水のほとんどを地下水に頼ってきた同県だが、水位の低下が深刻化しているのだ。訴訟リスクも考慮したが、「無秩序な地下水の採取に対しては、合理的な制約がかけられる」として許可制に踏み切ったという。また、この改正では、「次世代のために地下水を守り抜く」（蒲島郁夫知事）として、「地下水は公共水」とも明記されている。

水循環基本法

外資の買収を規制しようという発想もあって、超党派の国会議員がここ数年「水循環基本法」の制定を検討してきた。やっと二〇一四年三月の通常国会で成立し、同年七月に施行されている。水循環基本法は、基本理念として「水が国民共有の貴重な財産であり、公共性の高いものである」と水の公共性を強調している。しかし、地下水が「公共のもの」とは明記しなかった。訴訟リスクを心配する自治体にとっては不十分な内容と言えるだろう。

今後、基本法に基づいて地下水の保全を促進する法律をつくることもあるだろう。その際には、過度の地下水くみ上げを水循環の視点から規制できる法的な根拠を明快に示すよう求めたい。また、所有者とのトラブルを避けるため、水源地にある民有地の買い上げを図る自治体もある。何らかの支援ができないか、国も検討すべきだろう。

ただ、国土全体を見ると、水源地だけの問題とは言い切れない。たとえば、土地の所有者や面積などを確定する地籍調査はまだ半分程度しか終わっていないし、土地の相続が進み、その所有者が相次いで都会に出ていっている。地方では、過疎の影響もあって、所有者も分からず徴税もできない土地が増えているという事実もある。

つまり、隣の地主が誰か分からなくなり、ある日、見ず知らずの人（外国の人）に売られているということだ。そういう事態が避けられないという状況が、外資に対する懸念を増幅していることだけは確かである。

アジアの成長を取り込むためには、外資を呼び込んで土地取引を活発化させることも重要であろう。しかし、住民の不安感が高まらないようにするためにも、自治体は都市計画などで土地の利用規制を明確にしたうえで、取引に透明性をもたせる仕組みを整える段階に来ている。

3 自治体破綻

アメリカのデトロイト市が、二〇一三年七月、約一兆八〇〇〇億円の負債を抱えて財政破綻した。日本国内では、約三六〇億円の赤字が表面化した北海道夕張市が二〇〇七年に赤字再建団体に転落している。自治体の破綻という現象が現実に起きているのだ。

縮小均衡

ＪＲ夕張駅から市役所まで歩いた。平日の午後なのに、歩く人はほとんど見かけられない。国際映画祭を開く街として知られているためか、昭和の香りがする古い映画の看板ばかりが目立っている。小中学校は児童の減少もあって統合されており、主のいない校庭の草は伸び放題となっていた。

市役所に到着した。その玄関タイルははがれたままとなっている。この様子、「財政難で手は掛けられない」ことを教えていた。

ご存じのように、夕張市は産炭地として繁栄してきた。一九六〇年の人口は一二万人に近かったが、相次ぐ炭鉱の閉山によって基幹とする産業を失ったままである。今や、人口は一万人を切っている。この自治体破綻の理由について、石原

夕張市役所（奥）と映画のポスター

秀二財務課長が説明してくれた。

「急速な人口減少に加えて、行政の合理化が遅れたこと、観光による地域おこしが頓挫したこと、長年にわたって赤字を隠してきたことなど、さまざまな要因が積み重なったためです」

きっと、ワンマン市長を市議会がチェックできなかったことも大きいのだろう。

市は、二〇〇七年に国の管理下に入って財政再建計画をつくった。その後、二〇一〇年には、新しくできた「自治体財政健全化法」に基づいて財政再生計画を決定している。その内容を見ると、二〇二六年度までに実質赤字三二二億円をすべて返済するとなっている。そのためには、新規投資を極力控えるとともに、職員の削減と人件費の二割カットなどで毎年二六億円を捻出するという。

当然、住民の負担も増えている。市民税や下水道使用料の引き上げなどもあったが、返済する原資のほとんどは、自治体の人口や面積などに応じて国から毎年度配分される地方交付税に頼っている。支出を抑え、交付税を節約することでつくり出すというのが現実である。

財政再建を優先して国が地方交付税の総額を減らせば夕張市に入る交付税も減ることになり、返済は遅れてしまう。人口減少に伴う縮小均衡の財政が続いている現在、国の交付税措置は、自治体を生かさず殺さずの状況に追い込んではいないだろうか。

夕張市は「節約だけでは将来が開けない」とし、財政の再建と地域の再生を両輪に据えることを考えた。国、北海道の同意を得て、新規投資もはじめている。たとえば、市役所がある地区とは別の場所を市の中心と位置づけ、市営住宅などを整備している。街の中心をつくることで周辺の集落から人を呼び込み、人口の流出を食い止めようという発想である。つまり、コンパクトシティーを目指しているわけだ。

だが、問題も多い。北海学園大学の西村宣彦准教授は、市職員への影響を心配している。「借金の完済を優先すれば給与を低く抑えることになるが、優秀な職員がいなくなる。そうなると、地域活性化の人材確保ができないのではないだろうか。返済期間を短縮することはできないのか」と、指摘している。

夕張市の一般職員の数は、破綻前が二六九人（二〇〇六年四月）だった。財政再建のために、六八人にまで減らす計画になっている。市は現在、北海道などから約二〇人の派遣を受けることで住民サービスを何とか回している。借金を返済したあとは、北海道などによる支援や優遇措置がなくなってしまう。そうなれば、行政機能の維持は困難になることだけは明らかだ。

夕張市は返済期間の短縮を北海道、総務省との三者協議で要望したが、北海道は「時期尚早」として聞き置いただけという。短くするためには、誰かが借金の肩代わりをする必要があるだけに、簡単には決まらないというのが現実だ。

砂上の楼閣

破綻の一歩手前に陥った大阪府泉佐野市は、健全化法に基づいて財政健全化計画を二〇一〇年に策定している。ご存じだろうか、一九九四年に開港した関西国際空港の玄関口にある自治体のことである。泉佐野市は、空港の開港に向けて道路や下水道など社会資本を急ピッチで整備した。これに三〇〇億円クラスの市民会館の建設や病院の移転が重なったため、財政状況が急速に悪化したという。

市の藤原正則行財政管理課長が状況を説明してくれた。

「ピーク時の借金は一六〇〇億円あった。年二〇〇億円あった市税収入が、開港による固定資産税などの伸びによって三〇〇億円にまで増えると想定したので、借金は返せると考えて突き進んだ」

それが、開港直前に起きたバブル経済の崩壊で企業進出が期待できなくなった。市の税収入が伸びず、借金だけが膨れ上がってしまったのだ。泉佐野市は非常事態宣言を出したあ

豪華さが目立つ泉佐野市のホール

と、新規投資はできるだけ抑えている。職員数も、ピーク時の一〇〇〇人から半分近くにまで削減したという。

保育料など、施設利用料も引き上げるなどといった地道な努力も続けた。結局、財政健全化の決め手となったのは、法定外目的税の「関空連絡橋税」の導入と、職員給与のさらなるカットだったという。これについて、藤原課長は次のように説明してくれた。

「これらで年八億円程度の効果がある。借金の返済期間を、予定の半分となる六年に短縮することができた」

結果として泉佐野市は、二〇一三年度決算で破綻が懸念される「財政健全化団体」からは脱却した。しかし、「金利が低いから助かっている面がある。国債と一緒で、金利が上がるとその負担の影響が大きい」とも言う。脱出はしたものの、その実情は砂上の楼閣のような危うさである。

地方交付税頼み

夕張市の破綻では、再建を早めるためにも借金の棒引きに当たる債務カットができるかどうかが議論された。しかし、カットが前提にあるとすれば、貸し手である銀行側の審査も厳しくなる。つまり、自治体に融資したり地方債を引き受けたりする際には厳しく査定されるということである。自治体の財政状況や経営に対して、第三者の厳しい目を入れるという意味では一定の効果が

表２−３　財政健全化団体の推移

決算年度	自治体名
2008	北海道歌志内市、江差町、由仁町、浜頓別町、中頓別町、利尻町、洞爺湖町、青森県大鰐町、山形県新庄市、福島県双葉町、群馬県嬬恋村、長野県王滝村、大阪府泉佐野市、兵庫県香美町、奈良県御所市、上牧町、鳥取県日野町、高知県安芸市、沖縄県座間味村、伊平屋村、伊是名村（21）
2009	北海道江差町、由仁町、中頓別町、洞爺湖町、青森県大鰐町、福島県双葉町、大阪府泉佐野市、奈良県御所市、上牧町、鳥取県日野町、沖縄県座間味村、伊平屋村、伊是名村（13）
2010	北海道洞爺湖町、青森県大鰐町、大阪府泉佐野市、奈良県御所市、沖縄県座間味村、伊是名村（６）
2011	青森県大鰐町、大阪府泉佐野市（２）
2012	青森県大鰐町、大阪府泉佐野市（２）
2013	青森県大鰐町（１）

※北海道夕張市は財政再生団体、（　）内は自治体数。

あるのかもしれない。

その半面、リスクを想定して高い金利を要求される場合もある。そうなると、自治体の利払いが膨らむため財政には悪影響が出てくる。企業の会計と自治体などの公会計との違いがあるため、銀行が十分な情報を得て判断することが本当にできるのかという課題も残っている。

結局、国は夕張市の破綻を受け、債務カットをせず倒産もさせないという方法を選択した。自治体財政健全化法を制定し、全国共通の指標で財政悪化を厳しく監視する制度である。

初の判定となった二〇〇八年度決算では、大阪府泉佐野市など二一市町村が破綻懸念のある「財政健全化団体」となり、改善計画の作成を義務づけられた。国の監視下に置くことで、夕張市のように破綻するのを防ぐというわけだ。

その後、財政健全化団体の数は段階的に減っており、二〇一一年度決算からは残り二市町にまで減り、現在は青森県大鰐《おおわに》町だけになっている（**表2－3**参照）。

二〇〇九年八月末の総選挙を受けて、自民党から民主党への政権交代があったことはご存じのとおりである。しかし、この衆議院選の前後から、首長の支持を取り付けるためや経済対策から地方交付税などが手厚くなっていたことをご存じだろうか。それもあって、財政健全化団体が減少したと分析することもできる。今後、政権が財政再建化路線に大きく舵を切れば、地方交付税を削減する方向に動くことになる。

人口減少で地方の活力は弱まっている。それゆえ、財政状況は確実に悪化しているのだ。地方交付税に頼らざるを得ない状況が深く進行している現在、厳しい監視と交付税頼みの状況下で、地方自治体が創意工夫できる余地がどんどん減る傾向にある。その意味では、多くの自治体が夕張市などとあまり変わらない状況に近づいているのではないだろうか。

4 社会資本の老朽化

橋やトンネルが建設されてから耐用年数の一つの目安となる五〇年を超え、老朽化が目立ちはじめている。つまり、高度経済成長期に整備された社会資本が大量更新時代を迎えているわけだ。しかし、予算不足のために橋の架け替えができず、通行止めとなる例も急増している。古くなったものから順番に造り替えるという余裕はもはやない。老朽化の現状をどのようにして乗り越えればいいのだろうか。

未来の予測

青森県は、道路橋の老朽化対策にいち早く乗り出した自治体として知られている。道路課の担当者は、そのきっかけを次のように説明してくれた。

「一九五〇年代後半から建設された橋が多い。橋の寿命を考えて長期的な視点で対応しないと、財政面から大きな負担になることは火を見るより明らかだ。この問題意識をもった若手職員の提案から、橋の長寿命化対策がはじまった」

長寿命化の対策とは、悪くなってから修理する「事後保全」から、計画的に維持管理する「予防保全」に切り替えるというものである。手入れをすることで橋を長持ちさせ、五〇年程度で架け替えが必要となる橋を減らすことで、維持管理や更新にかかるコストを全体として最小化しようという発想である。

青森県が管理する橋は、長さ一五メートル以上が七九五基など合計二二七五基ある。融雪剤や海からの塩分に加えて、凍結による損傷が深刻だという。このため、全国でも先駆けとなる橋を管理するシステムを大手建設会社と共同で開発した。すべての橋の現状をまず調査し、次にそれぞれの橋の寿命と架け替えに必要な予算をはじき出す。そして最後に、どのタイミングで修繕すれば橋の寿命をどれだけ延ばすことができるか、予算をどれだけ節約することができるのかを弾き出すという仕組みである。

これに基づいて、二〇〇六年度から五年間は集中的な補修の期間と位置づけて、平年度の二〜三倍の予算をつぎ込んで修繕した。現在は、二〇一二年度から一〇年間の長寿命化修繕計画に基づいて橋の維持管理や更新を進めている。

「補修を小まめにすることで、一度に大きな予算が求められる架け替え工事の数を減らすことができる。この結果、今後五〇年間に必要な維持管理コストを、計一五〇〇億円から半分以下の七二四億円に減らす。関係予算も、最初の二〇年間は年一四億五〇〇〇万円に平準化できる計算になっている」

表２－４　都道府県の主な老朽化対策

青森	全国に先駆け橋の計画的な維持管理に着手、更新に掛かるコストを最少化し予算を平準化するシステムを開発した。
山形	橋の長寿命化計画を作成し集中的に修繕、進捗率は全国トップクラスだ。
東京	1971年から主だった橋の定期点検を開始、大規模地震に備えるための大規模補強も実施している。
新潟県	開発した維持管理システムを市町村に提供し長寿命化計画づくりを支援している。
静岡	土木施設長寿命化行動方針を作成、橋だけでなく舗装、トンネル、ダム、係留施設など計８工種の維持管理、予算全体の平準化に活用した。
岐阜	岐阜大学と連携、維持管理・補修に必要な技術を持つ「社会基盤メンテナンスエキスパート」を養成、住民が道路点検し通報するサポーター制度も導入している。
長崎	長崎大学と連携、行政OBや建設会社社員らを対象に道路や橋の維持管理を学び異常を知らせる「道守」制度を導入。

財政難に悩む自治体にとって、この管理システムは、橋と必要経費の両方の未来を見通すためには不可欠な存在となるだろう。

青森県のもう一つの特徴は、「橋の町医者業務」として、道路や橋の日常点検、清掃、維持工事、緊急措置などについて地元の建設会社に包括発注していることが挙げられる。職員だけで直接点検することが難しいこともあるが、管理業務を外部委託することによって地域で橋を守る人を育てようという狙いもある。

市町村は、自ら造っていない農道や林道の管理も最終的には国から引き受けるというケースが多い。当然、技術系職員も足りない。「橋が危ない」となると、安全のため通行を禁止したり規制したりするしか手段がないというのが現実である。そんな状況を、青森県は代弁してくれた。

「市町村の職員には専門家が少なく、管理までは手が回らない。県道を点検する会社が地元にあれば、市町村も管理を依頼することができ、安心につながる」

市町村道の管理を充実するというのは、全国共通の課題になっているということだ。

ほかにもさまざまな方法がある。新潟県は、県のシステムを市町村に提供している。また岐阜県は、発注者と受注者の両方に維持管理、補修に必要な技術をもってもらうために「社会基盤メンテナンスエキスパート」の養成をはじめた。そして長崎県は、「道守」制度をつくって、管理講習を受けた住民らが異常を知らせる仕組みを構築している（**表２－４参照**）。地方行政の素晴らしさを垣間見た。

負の遺産

橋の対策では東京都も進んでいる。首都として社会資本の整備が昔から進められたこともあり、橋の建設ピークが関東大震災（一九二三年）のあとと東京オリンピック（一九六四年）に向けた高度経済成長期の二つあったことが特徴と言える。対策も古くからはじまっており、一九七一年から主だった橋を対象にして五年に一度の定期点検を開始している。現在は八巡目に入っている。

二〇〇八年度から、東京都は本格的な長寿命化事業をはじめた。悪くなる前に修理することに加えて、首都直下型地震などに備えて、古い橋の強度を最新の耐震基準に合わせるという大規模な補強にも力を入れている。東京都の担当者は次のように説明してくれた。

「橋を点検し、台帳で管理している。そうすれば、人間と同じで、悪いところが分かって手当てしやすい。架け替えはコストが掛かるし、通行止めもあるのでできるだけ避けたい。致命傷になる前の対応が重要になってくる」


長寿命化の対象となった橋は、管理する一二五〇基のうち交通量の多い二〇〇基であった。しかし、「いくらうまく修繕していても、二回の架け替えを一回に減らすぐらいの効果しかない。結局は、次の世代に架け替えを任せるという『負の遺産』を残すことになる。長寿命化の未来は、必ずしもバラ色ではない」とも打ち明けている。

中央自動車道笹子トンネルの天井板崩落事故（二〇一二年一二月）もあって、社会資本の老朽化が注目を集めている。ただ、老朽化は突然訪れるわけではない。宿命と考えて、計画的に備えることができる事象である。

橋の長寿命化については、建設から維持管理、架け替えまでの「ライフサイクルコスト（LCC）」を最小化することが大きな狙いとなっている。青森県のシステムは、まず橋の点検結果や健全度、実施した維持管理・対策のデータを橋ごとに台帳で管理するというものだ。次に、それを使って今後の劣化を予測し、ＬＣＣを算定して、必要な予算をシミュレーションするという仕組みになっている。橋の状態を把握しながら更新の時期をベストな形で分散化することで、毎年度の予算を平準化できる有効な方法と言えるだろう。

　全国の橋は約七〇万基ある。そのうち、市町村道は約五〇万基に上っている。現状を詳しく見ると、地方自治体が管理する全国の橋（長さ一五メートル以上）では、二〇一三年四月現在、通行止めが二三二基、通行規制が一一四八基となっている。これらの数字は、最近の五年間で二倍ほどに増えている。財政難で架け替え費用が工面できない一方で、過疎化で利用者が減っており、更新しても経済効果が少ないと判断されたケースがほとんどだという。

　大更新時代を迎えて、その数は急激に増える見通しとなっている。それだけに国土交通省は、橋の長寿命化計画の策定と計画に基づく修繕を自治体側に要請している。都道府県・政令指定都市では、全国平均で管理する橋の九八パーセントを対象に計画を策定し、対策が必要な橋の二六パーセントで修繕を終えている。一方、市町村は、計画策定が七九パーセントまで急増しているが、修繕済みはまだ五パーセントにとどまっている。

　市町村が戦略的に橋や道路の更新に取り組めるようなてこ入れ策が必要である。そのための具体策として、①維持管理を充実させるための補助金を創設する、②重要な橋を国、都道府県が市町村の代わりに管理する代行制度を創設する、ことなどを検討する必要があるだろう。

これら自治体の厳しい状況を受けて、国土交通省は二〇一三年六月、改正道路法などを公布している。改正の中身は、橋やトンネルなどを対象に、予防保全の観点も踏まえた維持・修繕を実施することや、総重量制限を超えた車両が道路をより痛めているという視点から大型車両を誘導する道路を指定するほか、制限違反を繰り返す車両使用者への監督を強化する内容となっている。

さらに二〇一四年四月、国土交通省は道路老朽化対策の本格実施を宣言した。メンテナンスのサイクルを確立するとして、七〇万基の橋とトンネル一万本は国が定める基準に基づき、五年に一度、目視によって確認するとしている。加えて、統一的な健全度の判定区分も設定した。良いほうから、「健全」「予防保全段階」「早期措置段階」「緊急措置段階」の四つである。やっと国が動き出した、と言えるが、その成果は

長崎県対馬での道守の講習の様子

市町村を中心にどれだけ支援できるかにかかっているだろう。

引き算の政治

コンクリートの劣化という危機は道路だけの問題ではなく、地下にも潜んでいる。その典型例が上水道や下水道であろう。戦後の急激な人口増加に対応するため、急ピッチに下水道を整備してきた横浜市の例を見てみよう。

横浜市における下水道管路の総延長は約一万一七〇〇キロに上る。年間三〇キロという最近のペースで改築したとしても、一五年後に一五パーセント、三〇年後には六〇パーセントが標準的な耐用年数である五〇年を過ぎる見通しとなっている。これまで横浜市は、個別の設備や施設、管路について、点検や調査をしながら、それぞれ修繕するか改築するかを判断してきた。財政状況から更新費用の制約も予想される。このため、五〇年間の改築事業を平準化する長期修繕改築計画の策定に取り組んだ。

その前提として、二〇二〇年を境に人口が減少に転じる、さらに節水意識の浸透や節約志向の高まりから使用料収入が減少する、と予想している。このため投資は抑えられ、計画の実施はより難しくなっている。人口減少に悩む他の自治体と共通した悩みと言える。

さらに、企業債という借金で下水道を整備しているために、金利の変動によって利子負担が増えるといったリスクもある。今後は、単年度会計のなかで出てきた利益をどのように使うのかも更新のタイミングに絡んでくることだろう。

長期計画の作成では、どれぐらいの修繕や改築費用が求められるかを見通す必要がある。最初に、健全度に応じて電線や光ケーブルなどが埋設されている管路《かんろ》などの劣化を予測しながら、その設備などすべてを合わせて最適なLCCシナリオをつくって長期的な事業費を算出する。そのうえで下水道使用料などの収入見通しから導かれる財政の制約に加えて、毎年度の支出の平準化や整備の優先度を考慮しながら具体的な事業の実施時期を決めていくことになる。策定する際には、健全度ランクごとの故障発生の可能性や、被害の発生する確率なども評価するという。

下水道では、老朽化対策だけでなく、浸水に強いまちづくりや大地震に備えた施設の耐震化、再生可能エネルギーの活用など、取り組むべき課題は山積みとなっている。しかし、下水道全体の予算見通しと必要な事業費を示すことは、住民の理解を得るためにも有効な方法と言えるだろう。将来に向けて何をすればいいのか、根本祐二東洋大教授は次のように指摘している。

「社会資本を今後すべて更新するためには、国と地方を合わせて年間八兆円はかかると試算されているが、実際の公共事業費と比べると三〜四割不足するとの試算もある。しかし、社会保障は削れない」

そのうえで、方策を示してくれた。

「今あるものをなくすという『引き算の政治』を首長がはじめる必要がある。その際には、予算を増やさずにサービスを維持するという『省インフラ』の発想が重要となる」

5 崩れる地域の足

利用者の減少によって、地域の鉄道やバスは慢性的な赤字に直面している。その結果、路線の廃止や撤退が相次いでいることは知っての通りである。地域生活の足、そして暮らしをどう守るかが大きな課題となっている。

上下分離

赤字に悩む北近畿タンゴ鉄道（ＫＴＲ）の現状について、京都府の山田啓二知事が二〇一二年九月の府議会で次のように指摘した。

「赤字になれば自治体が補てんする親方日の丸の経営が、関係者の危機感の薄さにつながっている。施設・車両が老朽化しており、大規模設備投資が必要なのだが、一番問題なのは利用者の減少だ」

これが、各地の第三セクター鉄道が抱えている共通の課題であろう。

ＫＴＲは、京都府北部の福知山から宮津までの「宮福線」と、若狭湾、日本海沿いを西舞鶴から宮津を経由して兵庫県の豊岡に至る「宮津線」の二路線から成り立っている。二〇一一年度の経常赤字は七億七五〇〇万円で、過去最悪となった。

一九九〇年度に旧国鉄の赤字ローカル線を引き継いで誕生したＫＴＲだが、それ以降、黒字は一度もない。一九九三年度に三〇三万人だった利用者も一九四万人にまで減っている。国がよい取り組み例として表彰するような増収策を展開したものの、事態は改善しているとは言えない。

京都府など地元九府県市町による穴埋めは、これまでの合計で八一億円にも上っている。

「東京や大阪と鉄路でつながっていることは大きい。地域振興、京都府内の南北格差の是正から今踏みとどまって存続すべきだ」

と述べる京都府の考えで沿線は一致しているものの、「青天井の赤字負担は避けたい」という一方の本音もある。切り札として検討しているのが、ＫＴＲの「上下分離」である。線路や車両などの設備は自治体が所有し、鉄道会社は運行にのみ専念するというものである。これは、若桜鉄道（鳥取県）で使われる手法だ。

京都府は、「今後一〇年間で四二億円かかる設備更新の費用については自治体が支払う代わりに、事業者の経営責任は明確にする」と説明している。社長を府のＯＢから民間に代え、本社も

表２−５　鉄道、バスを取り巻く状況

鉄道	2000年度以降、全国で35路線674kmが廃止された。JRや都市鉄道を除いた地域鉄道は2014年４月現在で91社。約８割の事業者が赤字で、トンネルや橋、車両の老朽化が目立っている。
バス	乗り合いバス事業者のうち民間の約７割、公営の約９割が赤字となっている。地方部では輸送人員の減少に歯止めがかからず、2010年度までの５年間で10,778kmが廃止された。

福知山市から宮津市に移転した。また二〇一四年五月には、運行について、高速路線バス事業を進める会社に任せるという上下分離の実施を発表している。

他の自治体にも動きがある。滋賀県甲賀市も「信楽高原鉄道の経営努力を求める」としており、二〇一三年四月から全国で二例目の上下分離となった。高知県も「自治体が鉄道事業者になるため、事故時にどこまで責任があるのか見極める必要がある」とするが、土佐くろしお鉄道のうち、赤字路線の「中村―宿毛線」で検討がはじまっている（**表２−５**参照）。

上下分離を選ぶ理由には、国の補助を獲得するという狙いもある。国土交通省は二〇一三年度から分離した鉄道を対象に設備補助の対象を広げただけでなく、補助割合も三分の一から二分の一に引き上げている。拡充の理由について国土交通省は、「鉄道は多くの人を定時に効率的に運べ、観光資源としても有望だ」と説明している。

デマンド交通

バス路線でも新しい取り組みが誕生している。新潟県の県央地域にある三条市は、不採算路線から撤退するバスの代わりに、タクシーを活用したデマンド交通を二〇一一年六月からはじめている。もちろん、料金は補助によって引き下げている。

仕組みは簡単だ。利用時間は、午前八時から午後六時までに限定し、利用するには一時間前までの予約が必要となる。乗車区間は市内六一〇か所に設置した停留所と停留所の間で、料金は距離によって、一人で乗車した場合は三〇〇円から三〇〇〇円とやや高いが、二人以上の乗車だと一人分の負担は三〇〇円か六〇〇円となる。早めに予約して複数乗車を頼めば、お得となる計算である。

家まで迎えに来てもらって目的地まで乗るというタクシーよりは不便だが、料金は圧倒的に安くなる。バスとタクシーの間を埋める存在となっており、三条市は「公共交通を維持

土佐くろしお鉄道の車両

するために導入した」と説明してくれた。

利用者は、バスだけだった二〇〇八年度が五万一〇〇〇人だった。これに対して、初年度となる二〇一一年度は、新方式とバスとを合わせ一一万七〇〇〇人にまで増えている。一方、バスやタクシー会社に対する市の行政負担も、同時期に六六七〇万円から一億七四三三万円に大きく伸びている。この現状について、三条市は次のように強調している。

「利用者一人当たりに直すと、市の負担は約三割減った計算になる。高齢者が家族に頼らず通院しやすくなるなど、健康な地域づくりに効果がある」

健康になることで市の医療費負担が減れば、行政全体としてはプラスに働いているという理屈である。また、不況で利用者が減るタクシー会社にとっても、市などからの支援と合わせて売り上げの確保に役立っている。財政負担が可能な自治体であれば、高齢者の足の確保策として広まりそうだと言える。

三条市のデマンド交通の様子

マイカーがいくら普及したとしても、車が運転できない人の買い物や高校生の通学、高齢者の通院などには鉄道やバスといった公共交通機関が必要である。家族の送迎に頼らず自由に活動できる環境づくりは、高齢者らの健康、自立の面からも大切なことだ。とはいえ、現実は厳しい。人口の減少や高齢化によって利用者は減る一方である。採算性を考えた経営だけでは廃止路線が増えるばかりだろう。廃止によってさらに不便となり、過疎が加速するという悪循環にも陥っていると思われる。

この事態に歯止めをかけて、鉄道を残すためにはどうすればいいのだろうか。地域の足として不可欠なバス、離島の航路や航空路については、事業者の赤字を直接穴埋めする方法がすでに導入されている。バス路線に代わる方法については、三条市のようにタクシー会社やNPO法人と協力しながら低コストで成り立つ新しいビジネスモデルの模索が続いている。

ただ、鉄道については対応が異なっている。それについて国土交通省が解説してくれた。

「地域の最後の交通手段は、鉄道ではなくバスと財務省が考えている。このため、鉄道には直接赤字補てんができない」

自治体によっては、新幹線の並行在来線などを対象に赤字を補てんしている例もある。国が穴埋めできるようにするのも一つの考えではないだろうか。

その一方で、経営者が補助金頼みになる恐れもある。この点でも、鉄道では土地や施設を地方自治体がもち、運行は事業者に任せる「上下分離」を採用するのが現実的な対応と言えるだろう。運行の赤字には一切支援しないとすることで経営の責任を明確にする。それがゆえに事業者には、効率的な経営や増収策の実施など本気の努力を求めることとなる。

地域の定住人口だけでは黒字化は望めない。魅力をアピールしながら、東京をはじめとした大都市から訪れる人を増やすといった観光面での取り組みを、地域全体で強化していく必要がある。

6 資源ごみの持ち去り

新聞やアルミ缶など、家庭から出された資源ごみの持ち去りを禁止する条例を導入する自治体が目立ってきた。古紙などをトラックで勝手に運び出す一部の回収業者を放置すればいったいどうなるかというと、自治会などが協力する集団回収が進まなくなり、住民が分別収集への協力をしなくなるために自治体の雑収入も減ることになる。そうなると、自治体が一般廃棄物を集めるというシステム維持にも影響が出てくる恐れがある。

抑止効果

横浜市では、「持ち去りが見つかって市長の禁止命令を受けた者が、それに違反し再び持ち去れば二〇万円以下の罰金に処する」という条例が制定されている。二〇一三年四月に施行し、周知期間を置いて罰則は七月から適用された。

その対象は、集団回収や行政回収のために家庭が出した資源ごみや廃棄物となる。具体的には、新聞や雑誌など紙類、古着など布類、アルミ缶など金属類、瓶類などとなっている。横浜市議会では「アルミ缶などを回収するホームレスの生活の糧を奪うのか」という反対意見もあったが、厳しい罰則のある内容に落ち着いた。導入理由を横浜市は次のように説明している。

「出された資源ごみは市に所有権がある、と条例で定めている。これまでも組織的に持ち出す業者を現行犯の窃盗で警察に突き出したりしたが、よくて微罪処分で抑止効果がなかったためだ」

住民から依頼を受けた業者が行う集団回収に同行してみた。道路脇に設置された集積場所には古紙が置かれている。業者は、新聞紙、段ボールなどと分別しながら、次々とトラックに積み込んでいった。

住民から市が持ち去りの通報を受けた件数は、二〇一〇年度が五二件、二〇一一年度が三三件、二〇一二年度以降は古紙価格が低迷しているために減っている。ただ、他の自治体から来て古紙を運び去る業者は後を絶たないという。

横浜市で行われている集団回収は、住民が出したり、集めたりした資源ごみを登録された回収業者に引き渡すという地域ぐるみのリサイクルといった仕組みになっている。市が直接集める行政回収とは異なっている。

横浜市は、ごみの減量と回収コストを削減するために古紙の行政回収をやめ、集団回収に一本化する方針となっている。重さ一キロ当たり三円の奨励金を出して、自治会などに協力を要請している。自治会側は、この収入を祭りなどの地域の活動に充てている。それだけに、やる気をそぐことになる持ち去りに対する対応は急務となっていた。

ひずみ

条例の導入で効果は上がるのだろうか。名古屋市の例を見てみよう。二〇一二年七月、名古屋市は「集団回収古紙持ち去り防止条例」を施行している。条例では、違反者には勧告、

横浜市の集団回収の様子

命令の手続きを経て、行政罰として五万円以下の過料となっている。

　持ち去りについての通報は、多い月で六〇件を超えたが、七月には一八件、その後は数件にまで減ったという。その要因について、名古屋市は次のように分析していた。

「条例の導入に加えて、地道なパトロールと、製紙会社や古紙問屋が違反古紙を取り扱わないと徹底したのが大きい」

　問題となる業者は他県ナンバーの車が多いという。中部地方で買い取りを拒否されれば関西方面に持ち込まざるを得ず、採算が取りにくくなるため「長続きはしない」と名古屋市は指摘している。関係業界との連携が不可欠というわけである。

　京都市では、集積場所の資源ごみから高く売れるアルミ缶だけを業者やホームレスらが抜き取るというケースが頻発していた。ごみの散乱や騒音に対する苦情が相次いだため、市は二〇一一年四月から缶、瓶、ペットボトル、大型ごみの持ち去りを条例で禁止した。罰則はないが、無断に収集や運搬した者には中止や返還などを求めることができる。

　ただ、禁止後の警告回数にあまり変化はない。しかし、京都市によるアルミ缶の再資源化量は、二〇一〇年度の七二三トンから、翌年度は九二九トンと三割近く伸びた。また、売却による収入も約二八〇〇万円に増えている。

　京都市はごみの減量や分別を促すために、有料の市指定袋に入れて出すごみの有料化を二〇〇

表2−6　持ち去り禁止条例の内容

	条例名	違反者への対応
横浜市	廃棄物減量化資源化適正処理条例	市長が行為をしないよう命令、命令に違反すれば20万円以下の罰金、法人にも罰金刑を科す。
名古屋市	集団回収古紙持ち去り防止条例	市長が収集、運搬の禁止を勧告、従わない場合は命令を経て５万円以下の過料。
京都市	廃棄物減量適正処理条例	市長が行為の禁止、持ち去ったごみの返還、その他必要な措置を命じることができる。

六年一〇月からはじめている。ごみ処理において、目に見える負担を市民に求めているわけだ。それだけに、「持ち去りの苦情に対応しなければ、ごみ行政への信頼が失われるという危機感があった」と京都市は話している（**表2−6**参照）。

確かに、持ち去りのような事態を放置してしまえば「分別収集に協力しない」という声が住民から出る恐れがあるし、リサイクル促進によるごみの減量も進まなくなる。そうすれば、ごみ処理コストがかさむことになるだけに、自治体にとっては持ち去り対策は急務と言えるだろう。

二〇一〇年度、環境省は資源ごみの集積場所からの持ち去りについてアンケートを行っている。その結果によると、回答した一七四三市町村のうち大都市部を中心に五四パーセントの自治体が、持ち去りは「あり」と答えている。持ち去られた廃棄物の種類では、取引相場の高いアルミなどの空き缶がもっとも多く、次いで新聞紙など古紙が多かったという。

これら有価物の回収を民間業者に任せるという方法もある。そうなると、市場価格が下がって採算が取れなくなれば回収をやめてしまうという恐れがある。さらに、収集効率が悪くコストがかかる地域には行かないだろう。家庭から出る資源ごみを安定的かつ効率的に処理するためには、行政の規制と住民の協力が不可欠となる。

規制で効果が高い方法が、先に述べたような持ち去り禁止条例の制定などである。回答した九八七市町村のうち、二九パーセントが「制定済み」と答えている。導入する理由としては、①資源ごみという市町村の財産を保護するため、②住民からの要望があるから、③適正なリサイクルルートを確保するため、などが挙げられている。

ただ、一つの自治体が禁止したとしても業者が周りの自治体に行き、そこで持ち去りが増えるといういたちごっこという面もある。そのため、自治体間で連携して対応することも重要となるだろう。

一方で、アルミ缶などの廃品回収を生業にして生活費を得ているホームレスの人たちがいるのも確かである。持ち去りを条例で禁止した京都市は、ホームレスの人たちがアルミ缶などを回収するのを見つけた場合には、生活の支援策を示したビラをわたして福祉部局の対応を受けるようにすすめている。

仕事での収入が不安定な非正規労働の増加、人の関係が希薄になる無縁化などを背景にして、誰でもホームレスになってしまうという可能性がある。ホームレスへの対策は、リサイクル問題と絡めるのではなく、福祉行政として対応するのが現実的である。持ち去り条例をつくるというのは、資源ごみに頼る人が増えているという証拠でもある。現代社会のひずみを示す一つのバロメーターなのかもしれない。

7　猫の目のように変わる再生エネルギー政策

太陽光や風力など再生可能エネルギーで発電した電力を固定価格で買い取る制度（ＦＩＴ）が二〇一二年七月にスタートしている。東京電力福島第一原発事故を受けて脱原発依存の流れに乗っただけではなく、売電で高収益が見込めることもあって導入計画が爆発的に増えている。

その一方で、大規模な太陽光発電所（メガソーラー）を中心に景観面でのトラブルも起きている。また、九州など電力会社の一部は、買い取り契約の締結を一時止めたことで新たな混乱も生じている。自治体は、猫の目のように変わる再生エネルギー政策の影響にさらされていると言える。

眺望の保全

世界遺産である富士山全体の神聖さ、美しさが十分に保てないという理由で、メガソーラーによる景観への影響を懸念した山梨県は、二〇一四年三月、自然環境保全条例を改正した。そのなかで、「富士山北麓世界遺産景観保全地区」を指定し、事業者に事前協議を義務づけている。改正した理由を山梨県は、「富士山周辺の自治体から対策を求める要望もあった」と付け加えている。協議の対象は、太陽電池モジュールの総面積が一万平方メートルを超える設備の新築などとなっている。審査基準は、「太宰治文学碑」や「富士スバルライン五合目」などからの眺望が保全できるかどうかになっている。

もし基準に合わなければ、建設の禁止や制限、勧告などを事業者に出すことができる。「現段階で協議対象はまだない」と山梨県は言っている。

静岡県も、「景観配慮や地域住民との合意形成など地域の事情にも十分に配慮を」と呼び掛けている。富士山の地元となる富士宮市や富士市も、メガソーラー設置の自粛を行政指導で要請する区域を定めた。そして環境省も、二〇一四年九月、自然公園内に設置する際の指針をつくることを決めた。これまで、再生可能エネルギーの導入を急ぐあまりに国レベルの景観への対応が遅れているわけだが、その後始末を自治体がする羽目になっている。

条例で規制する動きもある。温泉地の湯布院で知られる大分県由布市は、二〇一四年一月、メガソーラーを設置する事業者に対して、地元自治会への説明と市長への事前届け出を義務づける条例を導入した。また、設置を抑制する区域も定める予定となっている。言うまでもなく、由布岳などの山麓に施設ができれば雄大な眺めが台無しになってしまう。観光に影響するという危機感が背景にあるのが理由だが、これまでに休耕田での設置一件が協議を終えている。

ただ、由布市の担当者は「もし問題があっても、事業者に申し入れるだけだ」と打ち明けている。メガソーラーは、建物ではなく工作物の扱いとなるため、建築基準法ではチェックできないのだ。森林法や農地法などの規制がかからない地域では、法律に基づいて工事を止めることは困難である。つまり、自治体による行政指導だけでは限界があり、事業者が強行しようとすれば認めざるを得ないというのが現状である。

隣の大分市では、すでにある景観条例を活用している。着手三〇日前までの届け出が必要な工作物として、一定規模以上の太陽光発電設備が該当すると明記している。今後の見通しについて、大分市は次のように分析している。

「電力の買い取り価格が下がってきた。土地の造成が必要な事業は採算が難しくなる。今後は、景観面で問題になるような山間部での設置はあまり出ない」

自治体の対応が進んだときには問題が収束する見通しになっている、という皮肉な状況になっている。

空押さえ

二〇一四年九月末になって新たな課題が浮上した。北海道、東北、四国、九州、沖縄の各電力会社が、事業者が出した接続申し込みへの回答を保留する、と相次いで発表したのだ。「今後は電力を買い取らない」とも受け取れる意思表示となる。

電力会社側が挙げる主な理由は次の二つである。

❶電力の安定供給に支障が出る恐れがある。

❷受け入れる送電網の容量が限界に近づいている。

これに対して、福島県は真っ向から反論している。FIT開始時は、事業の実現可能性のチェックが甘かったことをふまえて、県は次のように断言した。

「すでに接続契約が終わった案件のなかにも、実現可能性がない事業者の『空押さえ』があるはずだ。その分を差し引けば、受け入れ容量に余裕はまだまだあるはずだ」

福島県は、国のエネルギー基本計画で再生可能エネルギーの産業拠点化を目指すとされている。だが、原発事故の影響もあって発電事業の立ち上がりは他地域より遅い。これからというタイミングだけに、国への批判も厳しくなる。

政府の空押さえへの対応が決まれば回答も再開されるだろう。そのうえで、自治体側が問題視するのは国や電力会社の情報公開の姿勢である。発電事業のためには、経済産業省の設備認定と電力会社との接続契約の二つが必要となっている。その内容が地元自治体には伝えられていない。自治体が初めて知るのは、農地転用許可など法律や条例の手続きを事業者がはじめた段階でしかない。それをふまえて、福島県が提案している。

「どこに設置するのか自治体にも情報を公開し、早い段階で実現可能性をチェックすべきだ。そうすれば、空押さえも防ぐことができる」

駆け込み

九州電力が接続申し込みに対する回答を保留したときの理由はこうなっている。二〇一四年三月のわずか一か月の間に、それまでの年間件数に相当する約七万件もの「駆け込み」申請があったというのだ。その結果、もしすべてを接続すれば、電気使用が少ない時期の昼間の電力需要を上回ることになる。出力が不安定な太陽光などといった再生可能エネルギーだけに頼れば、安定供給は難しくなるとしている。

だが、この状況は十分予想できたはずだ。というのも、翌四月からは、メガソーラーでできた電力の買い取り価格は一キロワット時当たり三六円から三二円に下がること、そして事業者の負担を減らすため発電所の敷地を分割して接続申請する方法が禁止されることが決まっていたから

図2−2　太陽光の導入量と認定量の比較

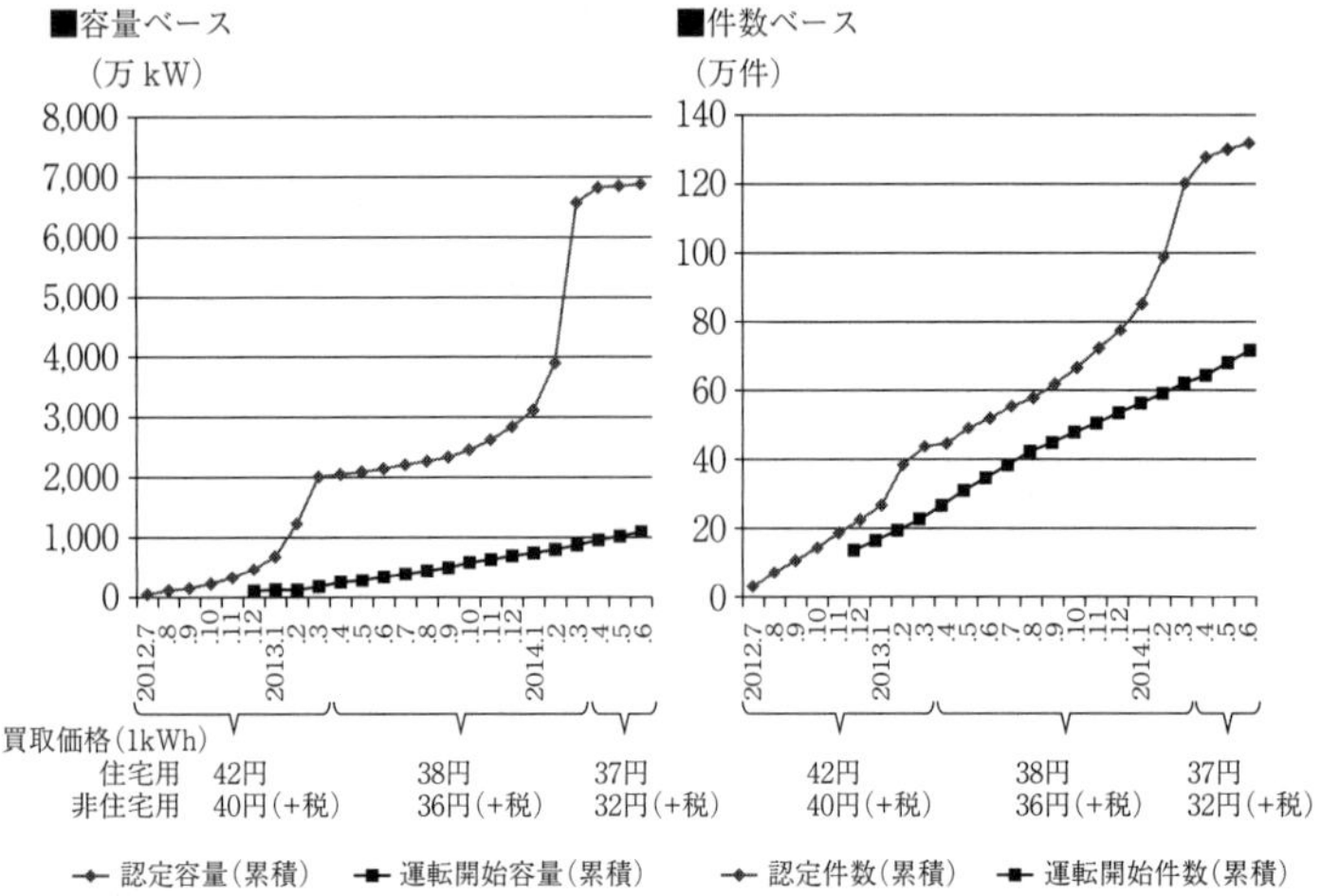

だ。つまり、駆け込みは十分想定できていたはずなのだ。

事業のめどが立たないまま買い取り価格が高いときに、とりあえず設備認定や接続契約を受けた空押さえ事業者も多いはずだ。この精査も終わらないままの回答の保留は乱暴と言えるだろう。

確かに、太陽光発電などは発電量が安定しない。受け入れ量を増やすためには、電力会社間で融通できる電力量を拡大するべきである。この必要性は前々から指摘されていた。東日本大震災後の電力不足でも、東京電力と中部電力や関西電力との融通を増やすことが課題になったはずだ。早期から、送電線の増強に乗り出すべきだったのではないだろうか。

経済産業省が認定した太陽光発電の設備容量

のうち、実際に稼働しているのは六分の一程度でしかない。政府と電力会社の回答一時ストップという対応は、再生可能エネルギー発電が不安定な電源であるとの印象を強めることになる。「それならば原発再稼働を」との大義名分を得るための、過剰な対応と批判されても仕方あるまい（**図２－２**参照）。

上限の撤廃

二〇一四年一二月、経済産業省はＦＩＴ制度の抜本見直し策を公表している。今後、これに基づいて関連する省令や告示を改正する方針という。大きな変更点は、電力会社が再生可能エネルギーの事業者に対して、年間三〇日までは無補償の発電の抑制を要請できるという「三〇日ルール」を撤廃するということだ。その内容は次のようになる。

現行ルールで、接続可能量をすでに上回っている、あるいは上回っていると見込まれる電力会社を「指定電気事業者」に指定する。そのうえで、この制度を拡張し、上限を超えて無補償の出力制御を受ける可能性があることを前提に接続できるようにする。つまり、上限を撤廃するということだ。

また、三〇日ルールを適用する電力会社については、時間単位での制御を求めることを前提としている。太陽光発電は年間三六〇時間、風力発電では七二〇時間まで行えるようにする。このため、再生可能エネルギーの事業者は遠隔制御システムの導入が義務づけられる。さらに出力制御の対象も、五〇〇キロワット以上から「未満」にまで拡大するという。

電力会社が買い取る価格を決定する時期については、これまでの「接続申し込み時」から「接続契約時」に二〇一五年四月から変更した。接続枠を確保したまま事業を開始しない空押さえ防止のため、接続契約後、一定期間経ったあとも事業を行っていなければ接続枠を解除することができるということだ。

また、立地の円滑化のため、認定時に関係法令の手続き状況について提出を求め、個々の案件については詳細情報を地方自治体に提供することにした。

これらの措置によって、発電事業者側の負担が増えることになる。無償期間が事実上増えることから採算の見通しも立てにくくなり、事業者の参入にブレーキがかかることは明らかである。このため見直し策は、「再生エネルギー事業者の予見可能性確保に努めることを求める」としているが、どのように対応するかは見えてこない。また、福島県については特別な対応を求めており、これらの規制を緩和する見通しとなっている。

この見直しを受けて電力五社は受け入れを再開した。すぐに、北海道、東北、北陸、中国、四国、九州、沖縄が指定電気事業者となっている。

会社設立

新潟県境にあり、四万温泉で知られる群馬県中之条町は、二〇一三年に一般財団法人「中之条電力」を民間企業と協力して設立し、特定規模電気事業者（ＰＰＳ）として登録された。今や大手の電力会社と同じで、電力の小売りに乗り出している（四八ページ参照）。

この電力の自給自足に乗り出したきっかけは、二〇一一年の東日本大震災だ。中之条町のＯＢで、中之条電力理事の山本政雄さんが当時の経緯を次のように解説してくれた。

「原発事故と深刻な停電を経験し、原発に代わるエネルギーの確保が自治体の責任と認識した。まず、太陽光発電に取り組んだ。今後は地元に雇用を生み出したい」

現在、沢渡温泉第一太陽光発電所など町と民

群馬県中之条町のメガソーラー

間が経営する三つのメガソーラーが、一般家庭一七〇〇世帯相当分を発電している。この電力を中之条電力がＦＩＴ制度で定めた価格で購入し、町役場、小学校、保育所など町内の約三〇の公共施設に東京電力と同程度の価格で小売りしている。

買電の価格よりも小売の価格のほうが安い。この差額は、「費用負担調整機関」を通じて中之条電力に支払われる交付金で穴埋めする。この交付金は、再生可能エネルギーの普及に応じて電気料金に上乗せする賦課金が原資だ。つまり、多くの消費者が支えていることになる。

行政にも利点がある。発電事業者としての中之条町には、二〇年間で五億円の収益が残る想定だ。基本料金が東京電力より安いので、町が支払う電気代も年間一〇〇〇万円程度の節約になる。

ＦＩＴ制度は、いったい何をもたらしたのだろうか。海外の埋め立て地に広大な空き地をもっている大手企業は、いち早く太陽光発電に乗り出したことで二〇年間の利益が保証されている。

その一方、遅ればせながらはじめた企業や土地所有者は混乱に巻き込まれている。「民主党政権下で導入されたずさんな制度」と経済産業省や電力会社は宣伝したいのだろうが、果たしてそうなのだろうか。海外での導入事例から、何が起こるのかは十分に想像できたはずである。その対応を怠り、混乱を招いたとすれば「不作為の罪」と言える。

この国で深刻化する多くの問題は、ＦＩＴの抜本見直しに象徴されるように、官僚、企業、社会の想像力の欠如、早期の対応遅れによってもたらされたものと断言することができる。

第3章 道半ばの自治体改革

大阪都構想の発信源となった大阪府庁

日本を覆う閉塞感を打破するには、現在の制度を見直す必要があるという「起爆剤論」がある。その論に乗っているのが、大都市制度の見直しや道州制の導入だろう。それについて、首長の思惑もいろいろあると指摘できる。中央省庁再編や道路公団、郵政の民営化でも同じことが言われた。だが、冷静に考えれば、その投資に見合うだけの効果があったのだろうか。

地方空港の民営化、自治体に経営の発想を入れるという取り組みもはじまっている。だが、結局のところ自治体改革は、首長や議員のやる気、その能力によって決まってくる。実際に自治体改革は進むのだろうか。

1 大都市制度

二〇一五年五月一七日の住民投票の結果によって反対多数となり廃案となった「大阪都構想」、これは大阪府と大阪市が中心となって進めてきたものである。この動きが象徴するように、大都市のあり方が地方自治の焦点として浮上している。都構想とは、大阪の「府」と「市」を統合して、二重行政、二元行政をなくして無駄を省くというものであった。その主張は、橋下徹大阪市長ら首長の人気を支える源泉ともなった。

これに便乗するように、「新潟州」や「中京都」の動きもあった。その半面、イメージが先行しすぎて、その効果に疑問符が付いてしまうのも事実であろう。大都市は、いったいどこに向かおうとしているのだろうか。

大阪都構想

橋下大阪市長が提唱した都構想は、府と市を合わせて広域機能は大阪都に一元化し、市は人口三〇万人程度の八～九の特別自治区に再編するというものだった。世界的な都市間競争に打ち勝つ「強い大阪」を実現し、誰もが生涯にわたって生き生きと暮らすことができる「やさしい大阪」を実現する、というのがキャッチフレーズになっていた。

二〇一一年一一月の大阪府知事と大阪市長のダブル選挙で勝利した松井一郎知事と橋下市長には、深刻な経済危機からの救世主として大阪の期待が集まった。また、「橋下劇場」とも評される強引な政治手法に対する期待もあった。

当初は、府と市の議会議員も含めた協議会での検討を経て、二〇一二年九月中旬には構想を固める方針だった。だが、大阪都でしか進められない成長戦略とは具体的に何があるのか、そして府と市の二重行政の廃止によって公共施設が不足しないかなどの疑問や課題は山積みしたままとなっていた。

都構想と経済活性化には次のような指摘もあった。

「論理的な因果関係は見いだせない」（大阪府大都市制度室）

「政策力をもつ大阪市の廃止で、かえって大阪が衰退する」（村上弘立命館大教授）

このような状況のなかで、知事と市長だけが同じ価値観を共有することで猛進していたとも言えるだろう。

ところで、大阪市の南にある堺市が都構想への参加を断っていたことはご存じであろう。当初は、大阪府と大阪市、堺市で「大阪都」をつくる話だった。

堺市の竹山修身市長は府職員の出身で、知事時代の橋下氏に仕えていた。二〇〇九年の堺市長選には橋下知事の支援を受けて当選したという経緯から、「府と市の役割を明確化するという都構想の理念には賛成する」としながらも、都構想には距離を置いてきた。その理由を、竹山市長は次のように説明してくれた。

「大阪府と市の統合は長い間の地域の課題だった。一方、隣の町との合併を経て二〇〇六年にやっと政令指定都市になった堺市には、府との二重行政はないはずだ。議員、住民も府との一体化を求めていない」

竹山市長が協議会への参加を断ったため、橋下氏との対立が激化することになった。

投票で決着へ

大阪都構想は、地域政党「大阪維新の会」を率いる橋下氏の人気と国政参加を恐れてか、国会にも波及した。いわば、橋下氏の言いなりになった格好となっている。「大阪都」構想を後押しする「大都市地域特別区設置法」が、二〇一二年八月、民主、自民、生活、公明、みんななど与野党七会派の議員提案で成立した。

その内容は、政令指定都市を含む総人口二〇〇万人以上の市町村を廃止し、東京二三区のような複数の特別区に分割する手続きを定めたものである。実現には、地元首長らが区割りなどを明記した協定書をまとめ、議会と住民投票で賛成を得る必要がある。つまり、大阪都構想の手続きを明確にしたものと言える。

その後、二〇一三年九月の堺市長選で、大阪都構想に反対する竹山市長が、都構想を進めるとする大阪維新の会の候補を破って再選された。その結果、堺市を含めるという都構想は最終的になくなった。

大阪府と大阪市の都構想の状況はめまぐるしく変わった。協議は、二〇一三年二月から、特別区設置法に基づく特別区設置協議会で区割り案などを盛り込んだ協定書が審議された。維新の会は、法定協議会の過半数を占めていない。他党の協力を得なければ区割り案を決められないなか、期待された公明党の支持もなく、二〇一四年一月の協議会で協定書案は否決された。

事態の打開を図るためとして橋下氏は二月に市長を辞任し、六億円をかけて出直し市長選を実施した。それに対して、自民、民主、公明、共産の各党は「選挙に大義はない」として対立候補を見送った。結局、都構想は争点にならないまま、橋下氏は過去最低となる投票率二三・五九パーセントで再選を果たした。この低投票率、そして無効票の多さは、対立する相手を徹底的に追い込み、自らは譲らない橋下氏の政治手法に市民が違和感をもっていることを示したと言える。

橋下市長は都構想に市民の信認は得られたとして、大阪府議会選出分の法定協議会の委員をすべて維新の会に差し替えて協議会の過半数を確保した。再び協議会において単独で協定書を決議したが、一〇月、維新の会が少数与党である府議会と市議会でそれぞれ否決されている。

このまま大阪都構想はあだ花に終わると見られたが、公明党が突然、都構想には反対するが、住民投票を行うことについては賛成するという方針に転換した。一二月の総選挙をめぐって、維新の党が公明党現職のいる選挙区に候補者を立てないといった何らかの「密約」の見返りだという見方が一般的である。この結果、二〇一五年三月の府議会、市議会で協定書が承認され、実現の賛否を問う住民投票が同年五月に行われた。

アジテーター

住民投票で、大阪市を廃止して五つの特別区を新設する大阪都構想の協定書を市民が受け入れるかどうかを決めることとなった。政令指定都市で、市民が統治機関のあり方を自ら決定するという全国初のケースとして注目された。約二一〇万人の有権者の意識は高く、投票率は六六・八三パーセントに達した。大阪府知事選との「ダブル選」で、橋下氏が市長となった二〇一一年の市長選を六ポイント近く上回るほどだった。

その結果はどうだったか。「反対」が七〇万五五八五票に対し、「賛成」は六九万四八四四票というわずか一万七四一票の差で大阪都構想は否決された。橋下市長は、二〇一五年一二月までの市長任期をまっとうしたうえで政界を引退する意向を改めて表明した。

橋下市長が事前に「否決されれば辞任」を表明していただけに、この住民投票はいわば信任投票ともなるので背水の陣だった。戦いの構図は、大阪都構想を推進する維新の会に対して、自民、公明、民主、共産の各党が反対で共闘するという国政ではありえないものとなった。「都構想のメリットが分からない」などと批判する識者も多いなかで、ここまで賛成票が伸びたのは、橋下市長の突破力など個人的な魅力が大きかったと思われる。さらに、地盤沈下が著しい大阪を立て直してほしいとする市民の思いをうまくくみ上げたこと、職員厚遇など数多くの問題が表面化してきた市政や、それを監視できなかった議員らに対する市民の反感が強かったことが挙げられる。また、「都構想の実現＝既得権益の打破」「維新は身を切る改革を進める」という印象をうまく植え付けた橋下市長らの手腕も見事だったと言える。

しかし、結果は破れた。わずかに及ばなかった理由は、反対する四党の組織力に加えて、「分からないなら反対を！　一度決まれば後戻りはできない」というアピールが効いたからだろう。大阪都構想になったあとの維新の会が提示していた経済政策が、カジノ誘致、万博の開催、リニア新幹線の名古屋との同時開業などと、政府やＪＲ東海などに陳情するしかない他力本願的なものだったこともマイナスであったと思われる。

大阪をつくり直すという橋下市長の「社会実験」は終わった。橋下市長は、大阪を踏み台にして国政、そして首相まで上り詰めようとしていたのだろうか。希代のアジテーターの姿が、しばらくの間消えることになった。

独立の動き

全国二〇の政令指定都市で組織する「指定都市市長会」も動き出している。二〇一一年七月には、道府県並みの権限を政令市に与える「特別自治市」の創設を提唱した。そして、二〇一二年五月には、大阪都構想などの動きを受けて、多様な大都市制度の実現を求めるアピールまで出している。

この動きに対応するように、首相の諮問機関である「第三〇次地方制度調査会」も二〇一二年一月から大都市制度のあり方について議論をはじめた。同年一二月には、政令指定都市に道府県の権限を大幅に移して二重行政を解消することなどを求めている。

特別自治市を目指す動きは横浜市でとくに盛んだ。約五兆円の経済効果があるとの試算を発表し、二〇一三年三月に大綱をまとめた。「市民に寄り添う行政サービス」や「日本経済の成長エンジン」として特別自治市の早期実現が必要だ。それらを実現することによって、「より暮らしやすく、活力あふれる都市になります」と訴えている。大阪都構想で聞いたようなキャッチフレーズである。

さいたま、千葉、川崎、横浜、相模原、京都、神戸の「政令指定都市七市による大都市制度共同研究会」は、二〇一三年四月に共同研究会報告書を出した。これを基にして狙いを説明していこう。政令指定都市の課題として次の二つを挙げている。

❶府県と指定都市との仕事に二重行政があり、非効率である。

❷法令によって、府県に代わって児童福祉や生活保護、老人福祉など三六〇〇億円かけて事務をしているにもかかわらず、税制上の措置額は一五〇〇億円でしかなく、差額二一〇〇億円が不足している。

自治体の負担と税収のバランスを取るべきだということだが、しっかりと将来も見据えている。少子高齢化による対応を取らなければ、児童福祉や生活保護など負担が増える。その前に、府県から税の移譲を受けたうえで行政を効率化する。それで生じた余裕によって増える負担を吸収し、他の政策に回そうという発想だと言える。要は、自由にできる予算を確保しておきたいということである。

これに対して黒岩祐治神奈川県知事は、「机上の空論と言わざるを得ない」とばっさり言い切った。人口の多い横浜、川崎、相模原の三市が「独立」すれば、県の存在意義さえ問われることになる。府県と政令市との対立は深まるばかりだ。

一方では別の動きもある。新潟県と新潟市は、二〇一一年一月、合併によって自治の拡大を目指すとして「新潟州（都）構想」を発表した。ところが、二〇一二年五月にまとめた報告書では、広域・専門行政を県に一元化し、市の自治権を強化すると打ち出したにとどまっている。「果実が得られるところで成果を上げてから」（新潟市）として、県と市の合併議論は先送りとなったままである。

愛知県と名古屋市も、二〇一二年二月に中京独立戦略本部を立ち上げた。強力で唯一の司令塔となる「中京都創設」を検討しているものの、「大阪都構想のような行政の形は唱えていない」（名古屋市）というようにトーンダウンの印象もある。

これらは、泉田裕彦新潟県知事や河村たかし名古屋市長ら個性のある首長にとっては、人気の押し上げに役立つと考えただけのことかもしれない。やっていることは、県と市の連携を強化す

表3－1　政令指定都市の最近の主な動き

さいたま	埼玉県と企画調整協議会を設置、施策の連携強化を図る。
横浜	神奈川県並みの権限取得を目指す横浜特別自治市の大綱を作成した。
新潟	新潟県とまとめた新潟州構想検討報告書で、広域・専門行政の一元化と市の自治権強化を打ち出した。
静岡、浜松	府県制度の廃止を前提に市への権限移譲について静岡県と合意している。
名古屋	愛知県と中京独立戦略本部を設置し、強力で唯一の司令塔となる「中京都」の創設も検討する。
大阪	大阪府市の首長、議員による協議会を設置し、「大阪都」構想を検討したが、住民投票で否決となった。
広島	広島県と合同研究会を設置、役割分担を整理し、住民にとって有益な行政サービスの提供を検討する。
福岡	周辺自治体との連携を強化した都市圏「メトロ福岡」のあり方を検討する。

ることで無駄を省くということにすぎない。

静岡県は、二〇一二年一月、中長期的な府県制度の廃止を前提に、静岡市と浜松市への権限移譲を進めることで合意している。川勝平太知事が、「中央集権の下部組織としてつくられた府県を廃止し、道州に移行すべき時期だ」と提案したところ、両市が歓迎した。さらに、道州制に向けて「自立した市町村を増やすべきだ」と鈴木康友浜松市長がこたえた結果である。大阪とは違う形で合意点を探しているように思える（**表3－1**参照）。

特効薬なし

政令指定都市の動きをこう見ることができる。二重行政という無駄を放置してきたこれまでの行政や、大都市制度の変更を認めない国を仮想敵にすることで、首長の人気を高めることができる。言ってみれば、改革者を自称するためのツールということだ。

さらに、制度の変革を訴えている間や改革の途中は、成果が出なくても責任は問われにくいという面もある。改革の主張が、実は首長の保身に使われているのではないか、そんな疑問をもつこともある。それぞれの住民は、首長の動きを冷静に評価する必要がある。

現実を見ると、都市部でも急速に高齢化や貧困化が進んでいるのは明らかだ。大都市が抱えている問題は複雑で深い。中央省庁の官僚や国会議員だけで、この難局を打開できないことは火を見るより明らかだ。ただ、大阪都や特別自治市の導入が、日本経済をよくしたり、現状を打破するという保証はない。この問題に対する特効薬がないことは分かっているはずだ。

一つ言えることは、あらゆる自治体が独自の政策を打ち出して競争する、そして、うまくいった例を広めていくことしかない。自治体の発想を豊かにするためには、基礎となる市町村の力を強めることが不可欠となる。国や都道府県から、権限や税源を制定指定都市に移すだけでなく、市町村にも移譲することも重要ではないだろうか。

2 道州制

第二次安倍晋三内閣が二〇一二年一二月に発足した。野党時代に自民党は、公明党と共同で道州制基本法案をまとめたことがある。この導入論議が活発化し、国会に基本法案を議員立法で提出する動きが出ている。

道州制とは、都道府県を廃止して全国を一〇程度のブロックに再編するという一大改革である。法案では、制定から五年以内の導入を目指すとしている。「見果てぬ夢」とも称され、浮かんでは消えた統治機構の再編である。ただ、知事らの発言には温度差が目立っている。

熱気と静観

「基礎自治体（市町村）の強化によるさらなる地方分権と九州の地域力アップには道州制が必要だ」（幸山政史熊本市長）

「九州新幹線の全線開通、熊本市の政令指定都市化を経て、九州の州都候補として手を挙げることができた」（蒲島郁夫熊本県知事）

二〇一三年一月、熊本市内でシンポジウムが開かれた際に、熊本の両トップが出席して道州制への意欲を強く語ったときの発言である。

シンポジウムでは、増田寛也元総務相が「九州は一番道州制の議論が熟している。先鞭を付けてほしい」とエールを送った。それに対して蒲島知事は、「すべてが福岡に一極集中ではリスクがある。多極分散が必要だ」と応じた。

九州では、地元の知事会と経済四団体による地域戦略会議が道州制の「九州モデル」を策定し、市長会も「九州府」の実現を提唱している。一方、知事会は、国の地方出先機関の仕事を引き受ける「九州広域行政機構」の設立も目指すとしている。

道州制導入には総論で賛成したとしても、「州都」争いが最大のネックとなってくる。福岡県の小川洋知事は、地方分権を進めた究極の形が道州制という立場を示している。しかし、州都のことは触れようとしない。その前に、国のブロック機関について、地方移管を優先する方針だという。実は、熊本の盛り上がりを周りの県が「静観」しているというのが

熊本市内で開催された道州制シンポジウムの様子

実情である。

道州制とはいったい何なのか。その必要性については、以下の二つが挙げられることが多い。

❶全国一律の基準で地方を縛る中央集権システムが疲弊し、国と地方の二重行政の弊害が出てきた。

❷都道府県境を越えた行政課題が増えて、現在の都道府県制度が限界に達している。

これに対して、国の権限を大幅に道州に移すことでどのように変わるのか。大きく分けて、次に挙げる三つのメリットがある。

❶国の役割を外交や安全保障などに特化することで、中央省庁や国会をスリム化できる。

❷住民に近い道州や市町村のほうが、地域の実情に合わせた政策を決められる。

❸道州が広域の産業政策や観光などに取り組めば、経済が活性化する。

このように、国を覆う閉塞感を打ち払う、いわば「切り札」のような存在として期待されている面もある。しかし、道州間に生じる税収の不均衡をどのように修正するのかなど、具体像の設計はかなり難しい。地方自治体、とくに多くの市町村は州都への一極集中が加速する恐れがあると心配しており、基礎自治体の強化を理由にさらなる市町村合併を迫られるという懸念も強い。

導入のハードルは高く、かかるコストと時間も、中央省庁再編や市町村合併などといったこれまでの行政改革の比ではないだろう。明治時代に、現在の国、都道府県、市町村という枠組みができて以来の最大の改革となる。

サボるための言い訳

出先機関の受け皿として、二〇一〇年一二月に「関西広域連合」が設立された。関西の二府五県四政令指定都市が加わっている。東日本大震災での支援や電力不足への対応などで一枚岩のように見えるが、設立時には「そのまま道州に転化するものではない」とされている。広域連合には道州制を警戒する知事も多いため、釘を刺す必要があったわけだ。

関西でも、州都候補となる大阪市の橋下徹市長らは導入を強く訴えている。大阪都構想はその布石でもあったわけだが、大阪市がなくなることで州都がなくなるという自己矛盾もある不思議な取り組みだったとも言える。

ほかの知事はどうだろうか。広域連合長の井戸敏三兵庫県知事は、現状打破の手段としての道州制に対する漠然とした期待が先行していると、これまでにも繰り返し指摘してきた。また、山田啓二京都府知事も、広域連合の成果を経てから道州制の導入を議論しようという立場をとっている。広域連合を足掛かりに道州制へと急ぐ橋下市長とは、同床異夢の状態が続いていると言えそうだ。

二〇一二年四月に「道州制推進知事・指定都市市長連合」が組織された。八府県の知事と一五市長が加わった（**表３－２**参照）。知事は少ないが、権限が広がる可能性もある政令指定都市の市長は導入に積極的と言えるだろう。

共同代表は、村井嘉浩宮城県知事と橋下徹大阪市長となっている。具体化の工程表も示しており、村井知事は自著『復興に命をかける』（ＰＨＰ研究所、二〇一二年）において、道州制は「復興を加速させ、素晴らしい東北を創ることにつながる」と訴えていた。

ただ、メンバーの横内正明山梨県知事（当時）は、緊急対応が必要な課題が山積みしており、「これを進めるのがよいのか」と記者会見で発言している。一方、道州制論者の上田清司埼玉県知事も、「日本再生には経済再建に全力を注ぐことが重要だ。道州制は第二ステージで」と議会で述べている。

知事の交代によって戦略が大きく変わることもある。岡山県では、前知事時代に中国地方と四国が一つになる「中四国州」構想を提唱し、州都を目指していた。当然のことながら、他県から積極的な支持を受けることはなかった。二〇一二年一一月に就任した伊原木隆太知事は、「道州制がいいかは現時点では申し上げられない」とトーンダウンしている。

広島県の湯崎英彦知事も、前知事時代に使った道州制という言葉は避けている。道州制ではな

表3－2　道州制をめぐる各地の主な動き

北海道	2006年に成立した道州制特区推進法に基づき、全国に先駆けた道州制モデルとして先行的に取り組んでいるが、国から移譲される権限が少なく効果は限定的だ。二重行政の解消のため国の出先機関を廃止することに対しても、国職員が減ることによる経済への悪影響を心配する声が強い。
東北	宮城県知事は自著で道州制導入の必要性を強調するなど積極的だが、周りの県は仙台一極集中につながるとして否定的だ。青森、岩手、秋田の北東北３県の合併が模索された時期もあった。
関東、甲信越	道州の区割りが難しい地域のため目立った動きはない。新潟県が新潟市と一体となる独自の「新潟洲」構想を発表したこともある。
北陸、東海	愛知県知事が名古屋市長と共同で「中京都」を提唱したこともあるが、最近は下火になっている。静岡県知事は道州制論者で、静岡市、浜松市に対する権限移譲にも積極的だ。2015年６月には静岡市を直轄する一体化を提唱、市長に副知事兼任を求めて物議をかもした。
近畿	国出先機関の受け皿組織として2010年に「関西広域連合」を創設した。このなかでは、大阪市長、大阪府知事らは道州制導入に積極的だが、兵庫県知事らは反対論者で、両者の対立が目立っている。広域連合に奈良県が入っていないなど構造的な課題もある。
中国、四国	岡山県の前知事は、2003年に「中四国州」構想を提唱している。岡山市に州都をもってくる計画だったが、周りの賛同は得られていない。現在は中国、四国の各知事会とも広域連合の設立を検討している。
九州	九州地域戦略会議が2008年に道州制の「九州モデル」を答申したことを受け、福岡市と熊本市の間で州都争いが活発化している。ただ、国の動きが鈍く、関西広域連合の活動もあったことから、九州知事会はその後、州よりも「九州広域行政機構」の設立を目指している。

※道州制推進知事・指定都市市長連合には北海道、宮城、新潟、山梨、愛知、大阪、佐賀、熊本の知事、さいたま、千葉、川崎、横浜、相模原、静岡、浜松、名古屋、京都、大阪、堺、岡山、北九州、福岡、熊本の市長が参加。

く、「新たな広域自治体のあるべき姿」を検討すると表現している。道州制を前面に出せば周辺の県と対立し、広域連合づくりさえ難しくなると考えているのが理由である。

冷静に考えれば、広域の産業政策や観光など都道府県や国が協力すれば、今でも実現できる政策は多い。国から地方に権限を最大限移譲し、できることから広域行政に取り組み、競い合うのが現実的な対応ではないだろうか（**表3－2**参照）。

このように見てくると、導入できるかどうか分からない道州制を理由に、地方への権限移譲や自治体間の協力などを先送りしているようにも思える。道州制が地方分権をサボるための言い訳に使われていないだろうか。どうやら、首長、国の両方を監視する必要があるようだ。

3　地方空港の民営化

航空自由化の推進や格安航空会社（ＬＣＣ）の就航で、空港同士の競争が激化している。そんななか、国は所有している地方空港の民営化に乗り出す方針である。国や地方自治体が管理・運営する滑走路と、民間が運営する空港ビルなどの経営を上下一体で民間に委託するコンセッション方式を使う考えだ。民間の発想で、魅力ある空港づくりにつながるのだろうか。

なかには、「民間の投資を活用して東日本大震災から復興するシンボルに」(村井嘉浩宮城県知事)と意気込む自治体もあるが、ほとんどの自治体はまだまだ注視しているというのが現状であろう。

丸投げ

民営化をめぐっては、手続きや特例を定めた「民活空港運営法」が民主党政権下の二〇一二年に国会提出され、翌二〇一三年六月に再提出を経て成立している。国が管理する空港の場合、これまでは、国が着陸料を徴収して滑走路を管理していた。その一方、空港ビルや駐車場などは地元が出資した会社が運営する方式であった。滑走路が赤字なのに、ビル運営は黒字というケースも多く見られる。

今後は、三〇~五〇年間の運営権を設定し、入札を経て落札企業に売却することになる。第三セクターが経営する空港ビルなどの事業も、この企業に譲渡し、一体運営する仕組みを導入することになっている。

国や自治体の経営ではどうしても甘い。民間に任せれば、利益を上げるために空港ビルでの物販の拡充や観光とのタイアップなど、本気のアイデアがもっと出てくるという期待がある。それに、空港の民営化はイギリスやオーストラリアなどでは一〇年以上前から実施されており、日本は周回遅れとも言える状況だ。一つの会社にすべて任せることで、空港ビルの運営でできた黒字を滑走路の維持管理費に回すことができ、着陸料を引き下げることも可能となる。そうすれば、就航路線や便数の拡大につながるという期待もある。

さらに、人件費の削減などによって経営を効率化できるとか、観光などとの連携によって収益力・集客力を向上できるという期待も広がってくる。一方、リスク分担については独立採算制を基本としている。空港の維持管理費や更新費は、原則として民間負担となる。

それでは、どのような企業が運営権を購入するのだろうか。空港ビル会社が中心となって出資を募り、買い取るというのが現実的な選択であろう。ただ、大きな利益が上がると想定される空港には、経営ノウハウをもつ商社や国内外のファンドが参入する可能性もある。

海外では、年金ファンドの安定した運用先として空港や鉄道など社会資本が注目されている。国内では、ＡＩＪ投資顧問の年金資産消失問題（二〇一二年）もあり、年金基金が購入に動くことも期待されている。

もちろん、別の見方もできる。「国の一律管理ではもう限界に来ている。地域に任せるので、真に魅力ある空港を実現してほしい」というのが国土交通省の本音である。今後の維持管理や更新の費用はすべて民営化会社に任せ、国は縁を切りって地方へ丸投げするというものだ。

では、民営化できる空港はどれぐらいあるのだろうか。国が管理する二八空港を対象にした、国土交通省のもっとも厳しい経営試算を見てみよう。

空港ビルなど関連事業はほとんどの空港で利益を上げている。しかし、着陸料収入と合わせて維持管理費などを賄うことができるいわゆる黒字の空港は、新千歳、小松、広島、徳島、松山、熊本、鹿児島ぐらいである。まずは、これらが有力な候補空港ということである。

この状況について、日本大学の加藤一誠教授は次のように指摘している。

「すぐに民営化できる空港は限定的だ。それ以外でも、地元自治体やビル会社、経済界が協力して経営の効率化や利用促進策を考えないと廃港の恐れもある」

空港の民営化は、廃港との闘いともなるようだ。

知事主導の仙台空港

仙台駅から鉄道で約二五分の位置にある仙台空港は宮城県名取市の海岸近くにあり、国が管理する空港だ。二〇〇八年のリーマンショックの影響で利用者が減り、東日本大震災では深刻な津波被害を受けた。その後、復興需要や格安航空会社（ＬＣＣ）の就航もあり、二〇一三年度の利用者数は三〇〇万人を超えている。第三セクター仙台空港ビルの決算は、五億円強の純利益という好調さを保っている。

「東北の創造的な復興のための一丁目一番地の政策が仙台空港の民営化だ」と、村井嘉浩宮城県知事は気勢を上げている。いわば、知事主導で民営化を進めるケースとなっている。

航空会社と直接交渉できる空港運営会社が生まれれば、民間による「本気の努力」を生み出す環境ができる。まずは、この黒字を生かして着陸料を下げるなど利用の上乗せを狙っている。また宮城県は、「民間委託から三〇年後の乗降客数六〇〇万人、貨物取扱量五万トン」という大きな目標も掲げている。いずれも、これまでのピーク時の二倍に近い数字である。

二〇一二年二月から民営化の検討会を開き、二〇一三年七月には「実現サポーター会議」の初会合を開いている。委託をビジネスチャンスと捉える二五〇を超える企業などが参加し、航空便の呼び込み、東北全体の観光ルートの開発をどう実現するのかなどの意見交換を重ねている。

地元の雰囲気の高まりを受けて国土交通省は、二〇一四年四月、空港の民間委託の第一弾として仙台空港を選んだ。そ

仙台空港の受付フロアー

表3−3　空港経営改革に関する主な動き

新千歳空港	北海道の有識者懇談会が新千歳を中心に道内複数空港の一体運営を提言した。
青森空港	民間への運営委託を青森県の検討会が提言、3年以内の制度設計を要請している。
仙台空港	復興のシンボルとして宮城県が民間委託を推進、国による民営化第1号を目指している。
小松空港	石川県が空港活性化策を取りまとめ、民間委託への対応も検討している。
静岡空港	基本施設、旅客ターミナルビルなどの運営権を静岡県が設定、民間事業者への譲渡を検討している。
大阪空港	関西空港と経営統合し、新関西国際空港会社が一体運営、一体で経営委託へ。
但馬空港	兵庫県が民活空港運営法を活用、但馬空港ターミナル会社が県の滑走路とターミナルビル、駐車場などを一体運営している。
広島空港	民間委託を視野に国が滑走路、空港ビルなどの資産を調査した。
高松空港	運営権の設定に向け国が滑走路、空港ビルなどの資産状況を把握している。
福岡空港	福岡県と地元経済界などで協議会を設置し、民間委託を受け入れた。
佐賀空港	民営化の段階的な導入が有効と佐賀県が報告書。
熊本空港	九州の拠点空港に熊本県が位置付け、経営の一体化を評価している。

して、民間企業への委託期間を最長六五年間と定めた。ちなみに、民間の運営開始は二〇一六年四月を目指している。一次審査に応募する主要な企業連合には、「三菱商事と楽天」「三菱地所とＡＮＡホールディングスと大成建設」「東京急行電鉄とイオンモール」などといった連合が名乗りを上げている。

一方、同じく国管理の福岡空港については、福岡県や福岡市が決断を迫られている。アジアで競争できる空港にするために国は、二本目の滑走路を二〇一五年度中に着工して、二〇二〇年度からの運用開始を目指している。これまで、その建設費となる約一六〇〇億円をどのように捻出するかが課題となっていた。国側は、委託後、企業側にも整備費の支払いを求めて負担軽減を図る考えである。一方、地元の福岡側は、当初、国が滑走路を造ってから民間への委託を求めていた。

国の圧力を受けた地元側は、二〇一三年一〇月、自治体や経済界による協議会を設置した。小川洋福岡県知事は「総合的に判断する」と中立を強調していたが、最終的には二〇一四年一一月、小川知事と高島宗一郎福岡市長が民営化への同意を表明した。利用者サービスの向上が期待されるというのが理由で、運営に地元の意見が反映される仕組みをつくるように求めている。国土交通省は、二〇一七年度にも民営化する方針としている（**表３－３**参照）。

丼勘定

断トツ黒字の新千歳空港を含んではいるが、国や自治体の管理で一三もの空港がある北海道は悩んでいる。道の有識者懇談会は、二〇一二年三月、複数空港を一つの会社で経営する「バンドリング」の活用を求める報告をまとめた。複数空港をもつ会社が航空会社と話し合うほうが、路線や便の誘致で有利というのがその理由である。

そうなると、新千歳空港がほかの赤字空港を助けるという「丼勘定」の構図になる。自治体側には空港の赤字を穴埋めする必要がなくなるというメリットがあるが、新千歳空港の事業価値が落ちるだけに、委託先が見つかりにくくなるという面もある。地元側としては、仙台空港や福岡空港などといった他空港の実績を見てか

千歳空港のロビー

らの判断になる。

　このほか、国が全額出資して二〇一二年四月に設立した「新関西国際空港会社」の運営権売却も注目されている。関西、大阪（伊丹）両空港の事業を経営統合してできた会社である。売却すれば、民間経営の手法を生かして複数空港を一体管理する国内初のケースとなる。

　二〇一四年一二月には、入札に参加するための資格審査に通過した企業を公表している。国内企業は三井不動産や東京急行電鉄、オリックス、三菱商事など九社で、外資ではシンガポールのチャンギ国際空港、英ヒースロー空港、ドイツの空港の運営会社など一一社となっている。これらの通過企業を中心に企業連合（コンソーシアム）を組むことになる。

　二〇一五年六月、第一次入札で「オリックス」とフランスの空港運営会社「バンジ・エアポート」の企業連合が審査を合格した。第二次の入札は同年九月となる。破談にならなければ、民間企業による運営が二〇一六年四月からはじまることになる。

　募集要項では、保証金の最低額は一七五〇億円となっており、固定資産税などを除いて、新関西国際空港会社に四五年間にわたって毎年支払う運営権の対価は三九二億円となる。固定資産税などを含めた最低の支払総額は、合計二兆二〇〇〇億円程度となっている。

4 自治体クラウド

住民記録や税務、国保、年金など、地方自治体が使う情報システムの共同化が注目されている。住民サービスの向上、コスト削減が狙いで、東日本大震災を契機に共同化の動きが加速しそうな状況となっている。

プッシュ型行政

役場に入ると、正面には総合窓口がある。そして、転入届を出すと、「保険や介護サービスは必要か」とか「子どもはいくつ?」などいろいろなことを聞いてくれる。その場で、国民健康保険や国民年金、児童手当などの手続きを済ますことが可能となっている。

「住民は申請のため窓口をいろいろ回る必要はない。住民目線でワンストップサービスに変えた」と、担当者が胸を張っていた。

福岡県粕屋町は隣接する福岡市のベッドタウンであり、転勤族が多いこともあって人口の増加率も高い。それだけに、住民の異動や結婚、出産などといったライフイベントごとの手続きをどのように迅速化するかが課題となっていた。このため、二〇一〇年七月に庁内の業務システムを再構築し、仕事ごとに別々だったシステムを共通にすることで効率化した。さらに、総合窓口において、住民、税務、福祉など各システムにある情報も一定程度見られるようにした。

この結果、転入などで必要な手続きの七～八割は総合窓口で処理することが可能となった。この工夫は、受けられる行政サービスを積極的に住民に伝える「プッシュ型行政」の成功例と言われている。

聖域だった電子化関連経費にメスを入れることは、業務システムを再構築することを意味し、行財政改革の一環とも言えるだろう。粕屋町は証言する。オーダーメードをやめ、標準的なシステムを採用することで「コストは三割程度減らした。ただ、新しい電子化の予算が必要となり、財政の余裕はできなかった」。

同じようなことが全国的に起きている。自治体を結んで住民情報をやり取りする住民基本台帳ネットワークも、コスト削減が期待された。しかし、九年の離脱を経て二〇一二年二

粕屋町の総合窓口

表3−4　自治体クラウドなどの主な取り組み

岩手県大槌町	東日本大震災後、野田村、普代村と共同で住民情報などをクラウドし、被災地にも同様の動き広がる。
神奈川県町村会	県内全町村で構成する町村会として共同で取り組み、2011年から基幹、財務会計、人事給与などを順次クラウド化している。
岐阜県市町村行政情報センター	1970年に設立。県内のほとんどの市町村が参加しシステムを共同化、サーバーを一部共有化してコスト削減した。
福岡県粕屋町	2010年から業務システムを共通化。総合窓口をつくって住民サービスをワンストップにした。

月に再接続した東京都国立市は次のように説明している。

「住民の異動情報を郵送ではなく、ネットを通じ他の市町村に伝えることができたので手間は省けた。しかし、職員を減らせるほどの効果はなかった」

住基ネットを維持する年間コストは約一三〇億円とされている。それに見合うだけの効率化については、費用対効果では測りにくい。それに、検証されたのかどうかが疑問である。

コスト削減では、岐阜県の市町村行政情報センターが知られている。これは、県内の市町村が共同で一九七〇年に設立したものである。システムの共同化で税制改正などにあわせた毎年の改修コストを抑えてサーバーも一部で共有化している。これによって、自治体の経費を引き下げているのも事実である。

「最初は自治体間で仕事の仕方を統一するなど手間

がかかるが、いったんはじまるとメリットは大きい」と、担当者は言う。

二〇一一年三月の東日本大震災では、岩手県大槌町の役場が津波で被災した。庁内に置いていたサーバーから情報を取り出せなくなり、住民票や各種証明書の発行がストップした。これを教訓に、災害に強い情報システムを構築するために総務省は「自治体クラウド」の活用を奨励している。複数の自治体が共同で外部にある民間のデータセンターでシステムを保有・管理し、ネットワークを経由して利用するという方法だ。

総務省は、「共同化で割り勘効果が働き、コストの三～四割の削減になる」と分析している。さらに、業務の効率化やセキュリティーの向上、浮いた予算で住民向けのサービスに再投資することも可能になる、とアピールしている。

二〇一一年度からは、人口が一〇万人以下の中小市町村を中心に導入支援を本格化させている。埼玉県、神奈川県の町村会などで、共同利用の取り組みが活発化した。ただ、削減効果は不透明なままである（**表3-4参照**）。

いたちごっこ

地方自治体の仕事には、住民の税金や年金、保険、福祉などのデータの処理もある。もちろん、これら以外にも職員の給与や予算の計算もある。これらは、コンピュータとネットワークを使ったシステムがなければ成り立たない。それは民間企業とまったく同じである。

これらのシステムは、「ベンダー」と呼ばれるＯＡ機器やソフトウエアの販売、開発業者から購入している。国の税制や法律の改正などがあって、システムは毎年の手直しが必要となる。自治体側にシステムの専門家がいなければ、それに支払うコストはベンダー側の言いなりになっているというのが実情だ。

このため、自治体の財政状況がどんどん悪化するなかでも、その予算額が適正かどうか分からないために、これまでいわば「聖域」として扱われてきた面が強い。ただ最近は、選挙時に訴えた政策の実現に必要な財源をひねり出すために、削減を試みる首長も増えてきている。これが、庁内システムの統一や、他の自治体と共同でクラウド化を進める自治体が増加してきた一因と分析できる。

総務省の二〇一四年四月時点の調査では、一七四二市区町村のうち二四七団体が自治体クラウド（複数団体共同でのクラウド）を導入している。単独クラウドも三一五団体あった。システムの次期更新時の形態については、自治体クラウドは三五パーセント、単独クラウドは二六パーセントが導入予定としている。コスト削減、災害対応からクラウド化が確実に進んでいることが分かる。

国民一人ひとりに番号を割り振って、納税実績や年金など社会保障業務を一元管理する「マイナンバー制度」の利用も二〇一六年一月からはじまる。これについて自治体もシステムへの負担を求められているが、行政事務の効率化や手続きの簡素化にどれだけつながるのかについては明確な説明が今のところない。どうやら、コスト削減と負担増といういたちごっこが続くことだけは確かなようだ。

マイナンバーによってコスト削減効果があると国が宣伝するのであれば、かかる費用とそれに見合うだけの効果をまず明示すべきだろう。そうでないと、無駄なネットワークづくりという批判を招くことになる。

5　資産経営

全国の公共施設が老朽化している。大量の更新が必要となる「大更新時代」を迎えたわけだが、社会保障費の増加などで地方自治体の財政状況は悪化するばかりである。人口減少や高齢化もあって、そのままの建て替えとはならない。施設の統廃合や見直しが不可避となっている。

永遠の取り組み

「公共施設は、全体的に経済成長、人口増加が目立った一九七五年前後をピークに整備されている。平成の大合併によって、旧市町村の庁舎やホールなど重複する施設も多い。すべて建て替えるには、予算がまったく足りない」

静岡県浜松市は、二〇〇五年七月の一二市町村合併によって人口が八〇万人を超えた。そして、二〇〇七年四月に政令指定都市に昇格している。各自治体が独自に整備していたものをまとめると無駄が目立つという。他の自治体より厳しい現実に直面し、担当者は「予算が足りない」と頭を抱えている。

将来の維持管理費用というのは、見えない借金と同じである。これを考慮せず、国からの補助金を使って少ない地元の負担でハコモノを造る。これが、行政の目的だった時代の「後遺症」に悩んでいる姿とも言える。

これに対応するために導入されたのが「資産経営」という考え方である。まず、将来の見通しを推計し、その結果、今後五〇年間で建て替えに必要な費用は計一兆三〇〇〇億円となった。年に直すと二六〇億円となる計算だ。これに対して、現在更新に充てている予算は年間五〇億～六〇億円でしかない。かかる費用と現在出せる更新費の差は二〇〇億円程度となるが、予算の制約は大きい。その結果、大規模な改修や更新の時期をずらして、毎年の支出額を平準化すると同時に、建て替え費用を縮減することが求められていると分かった。

そのために、公共施設の管理方法を改めることにした。学校や博物館、公民館など市の組織が縦割りで管理する施設については、「横串に刺し全庁横断的に見る課」をつくって一元管理にした。さらに、共通のフォーマットで施設ごとのカルテを作成し、所在地や設置目的、補助金の使用額、構造などに加えて、五か年分の職員数、収入や支出、光熱水費、利用状況、そして土地や建物の情報を詳しく書き込んで、全体像を明らかにした。

これを基に不特定多数の市民が利用する施設や学校、公営住宅、学校、幼稚園、清掃・処理施設など計約一五五〇施設を選び、継続か廃止かを評価する。いわば「棚卸し」のような作業である。「継続」には、継続、改善、見直し、管理主体の変更がある。一方「廃止」では、機能面での移転や廃止、施設面での転用や廃止を決めることになる。

目標としては、自治会などに管理を任せる「管理主体の変更」や「廃止」によって、二〇一四年度末までに評価対象から二五パーセント減らす方針を示している。具体的には、最初は主な公共施設の利用状況や老朽化の程度、所持している機能が地域に必要かなどの視点から評価する。これによって、必要なものと不必要なものをはっきりさせると同時に、継続と一度判定された施設についても、再編、統廃合によって減らせないかを検討しているという。

たとえば、稼働率は高いが老朽化が進む教育文化会館は、「耐震改修に数十億円かかる。周辺にホールがあり代替できる」と廃止を決定した。浜松市は、「新しい建物に老朽施設の機能を集中させるなど、地域に必要な機能を残すことで住民の同意を得ることができた」と話している。

ただ、二五パーセント削減が実現しても更新費用の縮減効果は九〇〇億円にしかならない。これに合わせて、施設の長寿命化によって建て替え時期を六〇年から八〇年に延ばす効果を含んでも計四〇〇〇億円にとどまる。更新経費はまだ九〇〇〇億円も残り、年に一八〇億円は必要となる計算だ。縮減効果について、浜松市は次のように断言している。

「どの自治体も今後の人口減少、財政難などを考えれば、公共施設を三〇～四〇パーセント削減するのは当たり前だ。永遠に取り組むしかない」

廃止の決まった浜松市の教育文化会館

表3―5　自治体による資産管理の主な取り組み

神奈川県秦野市	2009年10月に公共施設白書を公表。再配置の基本方針で「40年間で施設床面積を31％減らす」目標を設定している。
浜松市	2008年4月に庁内横断的な組織を設置し、資産経営に本格的に乗り出す。施設評価と再配置などで「2014年度末までに25％削減」を目指す。
奈良県	2012年8月にファシリティマネジメント連絡会を設置し、基本方針で2013年度からの推進を打ち出した。市町村との連携も検討する。
広島市	2013年6月に公共施設老朽化対策検討会議を設置し、ハコモノ白書をまとめた。今後、資産更新の基本方針を作成する。
長崎市	公共施設白書を作成し、2013年11月に「2015年度から15年間で床面積を25％削減する」との目標を設定した。

共同で施設利用

広島市も、全庁一丸となって効率的な老朽化対策に乗り出している。二〇一四年一月には「ハコモノ白書」をまとめたが、その素直な感想が、「施設数が三三〇〇もあることが初めて分かった」であった。多くの自治体が縦割りで施設を管理しているため、全体像を把握していないことが裏付けられたとも言える。

今後の見通しを試算すると、「毎年の更新予算を二倍近くにしないと、すべての建て替えは不可能だ」というように、多くの自治体と同じ結論となった。白書づくりという施設の「見える化」から対策がはじまっている（**表3－5参照**）。

国も、公共施設の統廃合を進める考えだ。

たとえば、補助事業で造った施設について、補助金の目的以外の用途で使う場合や譲渡する場合などには、補助金の返還を求められる可能性がある。これに対しては、どのようなケースでどれだけ補助金を返す必要があるのかについてルールを作成した。さらに総務省は、二〇一四年度から公共施設の総合管理計画づくりを自治体に要請した。計画に基づく解体費のうち、七五パーセントを地方債（借金）で賄うことを認めている。これによって、不必要な施設の解体を進めようという考えである。

これに対して、浜松市は問題点を指摘している。

「総務省は行政改革、国土交通省はまちづくりなど、それぞれ違う観点から施設の廃止を求めてくる」

施設の整備だけでなく、廃止もまた縦割り行政というおかしさがここにある。

また、効率的な管理のためには自治体間の連携も重要となってくる。奈良県は、廃校となった県立高校の元校舎に、県の出先機関や地元自治体の人材センターなどを集めた。「膨大な施設をそのまま維持するのは困難だ。市町村とデータの共有化を急ぎ、施設の共同利用を進めたい」と担当者が言うように、自治体の枠を越えた施設の共有も不可欠な対策となる。

自治体によって人口減少や高齢化の進み具合は異なっている。それだけに、人口が急速に減っていく「縮小社会」への備えを織り込んだ地域づくりの主役は自治体でしかない。まず、現状を分析するために「公共施設白書」を作成し、施設の統廃合を確実に進めるべきである。そして国は、補助金が求める目的以外での使用を幅広く認めることに加えて、補助金の返還もできるだけ最小限にするなど、施設の効率的な活用や資産経営を実践できるメニューを充実させるべきだ。同時に、主役である自治体による地域づくりの支援に回るというのが順当と言えるだろう。

自治体にとっては、地元住民の同意を得ることがもっとも重要な仕事となる。どの自治体も最初は、人口減少などの見通しと合わせて、現在の財政状況やその将来見通しを明らかにすべきである。次に、地域に必要なのはホールや図書館など「ハコモノ」ではなく、その施設がもつ機能であることを十分に説明する。ホールなら集会ができる場所、図書館なら本を置いて読めるスペースということだ。その機能を公民館など他の施設に併存させて残すことを約束すれば、地域の合意はスムーズに得られるはずだ。

6 ふるさと納税

都会に出た人が、自分の出身地や縁のある自治体に寄付をすることはできないか。それを後押しするために「ふるさと納税」が二〇〇八年にはじまった。その後、寄付額は増えているものの、その実態はというと「出身地にお返しを」という当初の理想からは離れつつあるようだ。ご存じのように、多くの自治体が寄付額に応じて地元の特産品を贈る「お得感競争」に走っている。

チャンス

ふるさと納税の制度は変更されることが多いので、まずスタートから五年を迎えた段階、二〇一三年度の例を挙げて説明しておこう。応援したい自治体や故郷に寄付する。その寄付を税務署に確定申告すれば、居住地の個人住民税などが寄付の翌年度に軽減される仕組みとなっている。軽減額は、寄付額や年収などで違っている。もっとも自己負担が少ないケースでは、自治体側の事務処理費に相当するとされる実質二〇〇〇円で「税を納める地域を選べる制度」とも宣伝されていた。

「三〇〇〇円以上寄付いただければ、六〇〇〇円相当の市民体験パックをプレゼントします」

こんな呼び掛けもあって、インターネットなどの人気ランキングでは必ず上位にあるのが鳥取県米子市だ。日本海に面した米子市は、山陰本線など三つの線が交わる鉄道に加え、空港、高速道路もある鳥取県の西の玄関口である。皆生温泉や大山（一七二九メートル）への入り口の街としても知られている。

この市民体験パックの内容は、地元企業が無償で提供した「栗入りどらやき」から居酒屋チェーンの食事券など全一二品ある。人によっては、文字どおり「二〇〇〇円の自己負担で六〇〇〇円相当のものがもらえる」ことになる。さらに、一万円以上を寄付すれば、体験パックに加えて五〇〇〇円相当の地元企業の食品などを、五〇社六四品から一品選ぶことができる（三万円以上では二品）。

米子市が二〇一三年度に受け付けた寄付の総額は二億七九二四億円だった。二〇一二年度の八九〇〇万円、二〇一一年度の三八九四万円に比べて大幅に伸びている。その理由について、米子市は次のように説明してくれた。

「雑誌やテレビの特集などで注目されたのが大きい。クレジットカードを使えば、市のホームページから直接寄付できるシステムをつくったので、関心をもった人を逃がさないという効果もあった」

寄付者は「よなごサポーター」として登録され、お礼の品に加えて、寄付の使途や翌年度の案内などを定期的に郵送している。「六、七割の人は引き続き寄付してくれる。案内を見て別の商品を直接購入

米子市のふるさと納税のお礼

する人もおり、地元企業のチャンスは広がっている」ともいう。

実は、「米子ってどこ?」と場所を知らない人も多い。そんな人が寄付をきっかけに街や送られてきた産品に興味をもち、旅行先に選んでもらえればという思いも強いようだ。

この米子市の動きを県はどう見ているのだろうか。地元の鳥取県は支持している。

「人口減少のなかで打つ手をこまねいていては埋没する」(平井伸治知事)という危機感から、ふるさと納税を自治体アピールの新しい手段として位置づけているからである。全国で約半分の自治体が特産品などを贈って、ふるさと納税のアピールを行っている。

静観の構え

お得感競争と一線を画す動きもある。小説『坂の上の雲』(司馬遼太郎、文藝春秋、一九六九年〜一九七二年)や俳句で知られる松山市は、「松山から全国に出ている出身者を中心に寄付を求めている。物で釣ることはしない」と話している。

愛媛県外に支店をもつ企業や県人会に協力を依頼したり、お盆で帰省する人にタオルや団扇《うちわ》を配ったりしてアピールしている。このように、競争に違和感をもち、「ふるさとへの恩返し」という本来の趣旨を守ろうという自治体も多い。

この現状について総務省は、「自治体の広報戦略の違いが出ているためだ」と分析している。

そのうえで、「贈り物合戦はよくないが、自治体の予算を悪化させるような過度なものがあれば議会がチェックしているはずだ」として静観する構えだ。

総務省のアンケートによると、自治体が把握する寄付の状況は、ふるさと納税をはじめた二〇〇八年の合計は五万四〇〇〇件で七七億円だった。東日本大震災があった二〇一一年は一一万件に増えて一三八億円となったが、二〇一二年には、件数は伸びたものの額は九六億円に下がっている。把握していない個人の義援金分も含めれば二〇一一年はもっと多いだろうが、寄付が定着したとまでは言えないだろう。

導入を提唱した福井県の西川一誠知事は、その理由を次のように説明している。

「福井では、毎年三〇〇〇人が県外の大学に行きながらも故郷には一〇〇〇人しか戻らない。教育に一人何千万円もかかるのだから、都会から還元を求める権利は地方にある」

ふるさと納税制度は、二〇〇八年四月の改正地方税法の成立を受けてスタートした。地方部を中心に人口減少や高齢化で税収が減る半面、高齢化に伴う社会保障など行政コストが増えている。この状況下で、地方財政を強化する一つの施策として期待されている。

都市住民から受け取る寄付を増やすため、地方自治体は寄付額に応じて品物を贈ったり、基金をつくって使途を明確化するなどの方策を導入している。だが、実際の寄付額の多寡はインターネットや雑誌、テレビなどでどれだけ取り上げられたかに比例するというケースが多い。東日本大震災の被災地に対する寄付額も、その被害の深刻度ではなく、テレビなどマスメディアで大きく扱われた自治体に集中するという傾向があった。

つまり、自治体による地道なアピールだけでは寄付集めには限界があるということだ。税金を都市から地方に移すために、話題づくりも兼ねて、人気投票のようにして、お得感競争に走っているとも分析することができるだろう。この現状について、西川知事は次のように指摘してくれた。

「福井県はお得感競争には参加しないが、二〇〇〇近い自治体があると、いろいろと考えるのは当然だ。まだまだ、ふるさと納税を知ってもらい、寄付を広めることを優先すべき段階だ」

ふるさと納税については、地方創生の観点から二〇一五年度の税制改正で大幅に見直された。まず、「ふるさと納税ワンストップ特例制度」を創設した。使用者が求めれば、寄付を受け付けた自治体が、利用者の居住自治体に対して住民税の減税手続きを代行してくれる。ふるさと納税は五つの自治体以内であれば、税務署への確定申告が不必要になる。減税対象となる寄付の上限額も、住民税の一割から二割に拡大する。夫婦と子ども一人で年収四〇〇万円の世帯の場合、減税額は年二万円から四万円となる。

ふるさと納税は、不均衡の是正という地方の願望にこたえている面はあろう。しかし、税収の格差に比べてその額はあまりにも小さく、一種のガス抜きに終わっていないだろうか。二〇一五年度税制での改正も、地方創生への取り組みをアピールするための飾りにすぎないと言える。本気で恩返しを考えるのであれば、富を吸い上げて豊かになった都市部の税収を地方に回すという、行政による不均衡の是正が王道ではないだろうか。

7　住民投票

住民投票も注目を集めている。最近では、行政への参画のために鳥取県は、一定の要件を満たせば住民投票できる条例を都道府県として初めて制定した。さらに、鳥取市では庁舎移転をめぐっての住民投票（二〇一二年五月二〇日）、東京都小平市では道路建設をめぐる住民投票（二〇一三年五月二六日・不成立）、大阪市では都構想の賛否を問う住民投票（二〇一五年五月一七日。一一五ページからも参照）も行われた。また、原発再稼働を投票で決めようという運動も続いている。この住民投票、住民が意見を通すための手法として確立されたのであろうか。

行司役

「市民社会が成熟した。この結果、住民や企業のほうが行政よりもよい知恵を出し、地域づくりができるようになった。ただ、この現状に制度が追い付いていない」

鳥取県の平井伸治知事は、住民投票を盛り込んだ県民参画基本条例の狙いをこのように解説した。二〇一三年三月に可決されたこの条例は、情報公開を進めるとともに、県民の意見を聞くアンケートや住民投票を行うことがセットになっている。「地方自治で住民が主役になるための枠組み」と、平井知事は胸を張る。

投票は、知事や議員が発議して議会の同意を得るか、住民が有権者の三分の一以上の署名を集めて請求すれば実施される。ただ、対象は原発再稼働など「県の権限に属さない事項」は除くとなっている。想定されているのは、「道州制の移行時に関西圏か中国圏のどちらに入るかなど、県の命運を左右する大きな選択」(平井知事)である。有権者の五〇パーセント以上の投票で成立し、知事らには結果を尊重する義務がある。

平井知事は、「地方自治は首長と議会という二元代表制になっている。名古屋市や鹿児島県阿久根市のように両者が対立して決められないとき、住民が行司役として判断することができるはずだ」と話した。住民が、知事、議員の両者をけん制する役割を担うことにもなる。

その地元鳥取市では、先にも述べたように二〇一二年五月二〇日、市庁舎を新築移転するか、その場で耐震改修して一部増築するかで住民投票が行われた。市庁舎はＪＲ鳥取駅から商店街を抜けた、約一キロメートル離れた場所にある。近くに県庁や病院もある行政の中心地から市役所が抜けることは、経済的な観点から商店街を中心として反発も強かった。そのほか、行政効率化から無駄と指摘する声もあった。

議会側が示した建設費は、新築移転が七五億円に対して、その場での耐震改修工事は二一億円だった。費用に三倍以上の差もあったことから、住民投票の結果は、その場での耐震改修工事の支持が六割を占めた。

この結果に対して、当時の竹内功市長は「住民投票に表れた民意を尊重する」と述べたが、問題はそのあとに起きた。耐震改修費が議会の想定よりも大きくなり、「実現できない」（竹内市長）ことが分かったのだ。そして二〇一三年六月には、住民投票の結果とは異なり、新築の可能性も含めた方針を示した。現場での改修を支持する市民団体は、「投票結果を無視している」と批判する実態に陥った。

住民投票条例の策定時に市議会側で改修コストを検証し、三七億円かかるとの案も出されたが、二一億円のままに放置されたという経緯もあった。投票は意見を聞く方法としては有効だが、前提となる情報が誤っていると二度手間になる場合もある。混乱を招いた市議会の責任も問われるべきだろう。

結局、市庁舎は、二〇一四年一二月、市がJR鳥取駅近くに保有している土地に新築移転することに決まった。

一方、東京都小平市では、二〇一三年五月二六日、都道整備計画見直しの是非を問う住民投票が行われたが、投票率は成立要件の五〇パーセントを下回ったために開票されなかった。成立しても、都道建設に結果が反映されるかは不透明で、効果は見通せない。

大阪都構想の住民投票は、大都市地域特別区設置法という国の法律に基づく手続きとしての実施であり、議会や住民の発議による投票とは異なる。前述したように、大阪都構想は否決されたが、その有権者の多さや、選挙運動に当たる投票運動の実施などから、憲法改正の国民投票の予行演習と見る向きもある。

移転が決まった鳥取市役所

深い溝

二〇〇〇年一月に徳島市で行われた吉野川可動堰建設の賛否を問う投票は、国の暴走を止めようとする住民側にとっては成功したケースと言える。投票率は、成立要件の半数を超えて五五パーセントを記録した。反対票は、そのうちの九割に達した。

この結果を受けて、地元の徳島市長が計画反対を表明した。その三年後、徳島県知事になった飯泉嘉門氏が可動堰計画を選択肢に含まず、他の治水対策を優先する考えを表明した。その結果、可動堰計画は事実上の白紙状態となっている。

投票をリードした市民団体の住友達也代表世話人は、当時を振り返って、「薄氷を踏む思いだった。直接請求を市議会に否決され、選挙で市議を送り込みやっと議員提案で投票条例をつくった」と言う。そのうえで住民投票について、「選挙を通じて、首長や議員にすべてを委任したわけでない。重要案件には住民投票ができる制度が必要だ」と提案している。

一方、飯泉知事の立場は違う。

「選挙で選ばれた首長や議員の立場は重い。日ごろからあらゆるツールを使って説明責任を果たすべきだ。安易に住民投票に頼るべきではない」というように、同じ自治体でも住民と首長との溝は深いと言える。

表3−6　主な住民投票の結果

実施時期	自治体名	テーマと結果
1996年	新潟県旧巻町（現新潟市）	原発建設の賛否。反対多数を受け東北電力が計画を断念した。
96年	沖縄県	米軍基地の整理・縮小と日米地位協定の見直しの賛否。賛成多数で、県知事が国と米国に結果を通知した。
97年	岐阜県御嵩町	産業廃棄物処分場の建設の賛否。反対多数で計画は白紙撤回された。
2000年	徳島市	吉野川可動堰計画の賛否。反対多数で計画は白紙の状態になっている。
12年	鳥取市	市庁舎の新築移転か耐震改修か。耐震改修が多数を占めたが、新築移転に。
13年	東京都小平市	都道整備計画見直しの是非。投票は50%を下回り不成立だった。
15年	大阪市	大阪都構想の賛否を問う。投票率66.83%で否決された。

劇薬

住民投票の条例には、鳥取県のような常設型と、テーマごとに議会の同意を得て設置する個別型がある。住民主導で条例を制定するには、有権者の五〇分の一以上の署名を集めて直接請求を行い、議会の議決を経る必要がある。この際、首長、議員の解職請求（リコール）ができる三分の一以上の署名があれば、成立への強い圧力にもなる。

個別型の住民投票のうち、市町村合併を除いて、公共事業など個別項目で行われたのは二〇程度ある。新潟県の旧巻町（現新潟市）で、一九九六年に原発建設をめぐって行われたのが最初である。そのあとには、岐阜県御嵩町の産業廃棄物処分場の建設、沖縄県の米軍基地の整理・縮小などがある（**表3－6**参照）。

東京電力福島第一原発事故を契機にして、二〇一二年には原発再稼働の是非を問う住民投票条例案が住民からの直接請求を受け、大阪市、東京都、静岡県の議会に相次いで出された。しかし、いずれも「国家の基本政策が地方の住民投票で左右されることは適当でない」などの論理で否決されている。

一方、静岡県の川勝平太知事は、二期目となる二〇一三年六月の知事選では住民投票に前向きな姿勢を示した。住民投票を行政にどう活用するかは、首長の間でも意見の隔たりがある。吉野川可動堰の建設について国の担当者が、対話によって決めるのが筋で、投票で白黒を付ける住民投票は「劇薬」と発言し、住民側の反発を買ったことがある。住民側にとって行政側との対話は、「聞いた」という手続きにすぎないと映るからだ。

住民投票を求める直接請求が続くのは、首長や議員が民意をくみ上げていないからである。行政や議会の活性化を図るためにも、投票以外で簡易に意思表示のできるアンケートのような仕組みをつくることを検討すべきではないだろうか。

8 自治体監視

地方自治体をどのようにチェックして、その暴走を防ぐべきなのか。議会が監視の役割を果たすことが期待されているが、現実の状況は心もとないものとなっている。

二〇一四年には、政務活動費の不適切支出をめぐる記者会見で号泣した兵庫県議が詐欺容疑などで書類送検された。東京都議会では、女性都議が「早く結婚したほうがいい」とか「産めないのか」などのヤジを浴びた。この号泣県議とセクハラヤジ問題が、心もとない一つの象徴と言えるだろう。

議会が難しいとなると、代わりに住民側が議員も含めて見張る活動が必要になってくる。第三者による包括外部監査の制度も導入された今、自治体の監視はどうあるべきなのだろうか。

特権階級

京都市で二〇一三年九月に開かれた「全国市民オンブズマン連絡会議第二〇回大会」のメーンテーマは、「このままやったら、あきまへんどすなぁ　議員さん」だった。大会は、議員の存在価値を問う内容となった。

弁護士らが中心となっているオンブズマンが注目するのが、調査研究のため自治体が議員に支払う政務調査費・活動費の使い方である。まず、情報公開などを通じて領収書を入手し、不必要な物品の購入や視察旅行、飲食店での高額な会議費など問題のある支出を洗い出す。これに基づき、自治体の監査委員に住民監査を請求する。政務費の返還が求められたり、住民訴訟で違法支出と認定された例が相次いでいる。

「住民本位の政治をするためには地方議会の役割が重要だが、議員の活動は惨憺たるものだ。政務費を政策立案活動ではなく『第二の給与』として使っている」

大会の基調報告で、連絡会議の土橋実代表幹事がこう指摘した。厳しい経済のなか、十分な仕事もせずに報酬を得ており、議員が特権階級

全国市民オンブズマン連絡会議でのシンポジウムの様子

になっていると批判されているのだ。

追及をかわす議員側の動きもある。まず、秘書の人件費や事務所費を政務調査費に計上するようになってきた。さらに二〇一二年八月には、全国都道府県議会議長会の要請を受けた民主、自民、公明などの提案によって、地方自治法が改正されている。

政務調査費の使途については、議員の調査研究活動に必要な経費に限定する内容を見直し、名称を「政務活動費」に改正した。さらに、交付目的を「調査研究その他の活動に資するため」とした。そして、政務活動費を充てることができる経費の具体的な範囲は条例で定めるというものである。

議員側に有利になった改正法は、二〇一三年三月から施行されている。その結果、政務活動費の使い方について、「その行為は調査とは言えず問題だ」と簡単には言えなくなった。というのも、議員側は「政治活動だ」と反論できるからだ。政治活動の範囲はあってないようなものである。住民側が議員の活動を監視しようとしても、これまで以上に難しくなったわけである。そうなると、活動の中身をチェックすることが不可欠となる。

中味を評価する方法として、議会において役立つ質問をしているのかどうかを採点する「議員通信簿」の活動成果も第二〇回大会で報告された。仙台や名古屋、京都、福岡の各市議会の議員の質問を評価した人からは、質問に対する否定的な意見が相次いだ。

「担当者に事前に確認すれば足りる質問か、課題を長々と解説し、当局の認識や所感を尋ねる質問がほとんどで、議事録を読むのは苦行だった」

「質問に向けて準備する習慣が議員にはない」

大会のシンポジウムでは、ある市の首長が「議員の質問を市政の運営に生かすことはほとんどない」とまで言い切っている。これらの状況から、連絡会議の新海聡事務局長は次のように断言した。

「地方議会が不必要ではないかと言われている。議員の目を覚まさせる必要がある。無駄遣いの監視、質問の評価活動をさらに進めたい」

余計なコスト

ほかにも、議員の資質アップを促す活動がある。議員や研究者らによる自治体議会改革フォーラムは、議会基本条例の策定を提唱してきた。議員の仕事を、口利きではなく、条例の策定による地域の課題の解決と認識してもらうのが狙いとなっている。

約三分の一の議会が条例を策定しているが、呼び掛け人代表の広瀬克哉法政大学教授は議員に変化を求めている。

「政策の主体が首長、行政だけであると思い込み、議会は関門、チェック役のみという発想では

表3−7　自治体を監視する主な団体や制度

全国市民オンブズマン連絡会議	国や自治体の不正を監視する市民団体の集まりとして1994年に結成。官官接待、カラ出張、警察裏金問題、政務調査費などを全国一斉に追及、自治体の情報公開度ランキングでも知られる。
自治体議会改革フォーラム	議会を市民、議員、首長らの自由な討論による「民主主義の広場」へ変えるとして2007年に発足。議員や市民、研究者らが参加。議会改革白書を作成している。
監査委員制度	首長が議会の同意を得て識見を有する者および議員から監査委員を選任する。委員は監査し、結果を首長に報告する。事務局は都道府県が必置、市町村は任意となっている。
包括外部監査制度	監査委員による行政内部の監査では限界があるとして、1997年の地方自治法改正で制度がつくられた。中核市、政令指定都市、都道府県は義務づけ。監査人は弁護士、公認会計士、税理士らから選び契約する。

ダメだ。行政が気付いていない問題があれば、議員が対応策をつくる。政策条例をつくる能力を議員が身につければ、政策の主体になれる」

議員の質の向上は待ったなしとなっている（**表3－7**参照）。

一方、自治体を内部からチェックする行政の仕組みとしては監査委員の制度がある。しかし、成果はあまり上がっていないようだ。たとえば、自治体と国の職員が公費の「食糧費」で飲食する官官接待が一九九五年に問題化した。これを皮切りに、カラ出張などによる裏金づくり、本来は情報提供者へ支払う警察の報償費の不正支出、地方議員の調査や活動に支払われる政務費のずさん使途など、金をめぐる不透明な事案は次々と明らかになっている。

これらを追及してきたのは、監査委員ではなくオンブズマンやマスメディアの活動である。本来は、議員や監査委員がチェックすべき問題である。しかし、監査委員が自治体ＯＢや議員らによるいわば身内の監査では限界があるとの批判が強まった。このため、一九九七年の地方自治法改正で、第三者である弁護士らが財務を調べる「包括外部監査制度」がつくられている。

福岡市では、外部監査の結果もあって、外郭団体の随意契約の妥当性が問題になったことがある。福岡市は、「行政は、自分で自分の仕事の見直しはしたくないという傾向がある。外部監査によって原理原則に戻ることができた」と評価している。これに対して、ＮＰＯ法人市民オンブズマン福岡の児嶋研二さんは次のように指摘する。

「議会、監査委員が本来の役割を果たしていないため、余計なコストがかかっている面を忘れてはいけない」

議員が働かないとして議会不要論に傾くのは短絡的だろう。議員定数を減らして機能的にするのなら分かるが、なくしてしまえば地方では大統領のように強い力をもつ首長の暴走を止めることができないからだ。要請されているのは、議員の質の向上である。そのためには、議員の活動を有権者が評価することが第一歩となる。議会を傍聴して問題点があれば、ブログや短文投稿サイト「ツイッター」で紹介することも有効であろう。議会での質問を採点してインターネットに公表し、選挙で議員を選ぶ際の評価軸に使うこともできるはずだ。

また、監査委員についても、自治体と直接的な利害関係がない、公会計に通じた専門家を採用できるよう国が支援制度を整える時期に来ている。ただ、人口規模の小さな自治体を中心に、無投票で当選する議員が増えているという問題もある。たとえば、二〇一五年の統一地方選挙では、当選した道府県議員、町村議員のうち五人に一人は無投票だった。全国的に、議員のなり手が減っているという危機状態も認識すべきだろう。

議会の活性化が叫ばれて久しい。二〇一五年度からは、選挙権が「一八歳以上」に引き下げられてもいる。幅広く議会活動を訴えるのであれば、勤労者が当選すれば議員活動の間は休職し、任期終了後に復職できる制度の導入など、勤労者や女性、若年層、学生も含めたさまざまな人材が活躍できる仕組みづくりを検討すべきである。そうすれば、議会が多様な民意を反映し、議員が競争意識をもつことにも貢献するはずだ。

首長や議員、監査委員らにすべてをお任せする地方自治では限界がある。住民らの厳しい監視がなければ、行政は独り善がりで堕落し、無駄遣いに走ってしまう。地道だが、住民らが関心を示し続けることが行政を律する最善の策である。

第4章　国土をつくる

道の駅「阿武町」

東日本大震災の被害を受け、国土の強靭化が強く意識されるようになった。現代の技術をもってしても、大地震や大津波の被害をなくすことはできない。それならば、堤防の整備などハードの面と、避難や安全なまちづくりなどといったソフト面を組み合わせることで被害を最小限にするしかない。災害の力をアシのように受け止めて流す「レジリエントな社会」を目指すという言葉も、多く聞かれるようになった。

一方、整備新幹線など地域の骨格となる事業も進んでいる。従来型の「公共事業イコールばらまき」の論理にはくみしないが、公共事業を実施すること自体が目的になっていないかと、疑問符が付く事例も多い。公共事業は、地域の潜在能力を上げる作業である。その有効性を高める本気の努力ができるのかが、現在問われている。

1 次に備える

ご存じのように、南海トラフ巨大地震や首都直下地震など、大規模な地震の発生が懸念されている。また、東日本大震災の教訓から、これら巨大地震のあり方も見直された。これまで以上に大きな規模が想定されている。次の国難にどう備えるのか、津波避難対策の強化などに改めて取り組む自治体の動きを紹介していこう。

空白地帯をなくせ

津波から人の被害を減らすための基本は「すぐに逃げる」だ。それだけに、地方自治体にとっては避難場所の確保がもっとも重要な仕事となる。そんななか、東海地震対策を進めてきた静岡県は、二〇一一年九月、南海トラフ巨大地震に備えるため「津波対策アクションプログラム」の短期対策編を作成し、次のことを目指している。

「巨大地震で津波高が従来の想定よりも二～三倍高くなる。対策を総点検して、少しでも早く高い所に逃げられるようにする。避難の空白地帯をなくす」

この対策編では、二〇一三年三月末までに津波避難ビルを二倍以上の一三四八棟にすること、そして津波避難タワーも三七基新設して四四基にする、という目標を示した。海岸地域を通る東名高速沿いでは、法面《のりめん》(1)も避難に活用することとなっており、人工的に造った高台である「平成の命山」の整備も急ぐとしている。

---

(1)　切土や盛土によって造られる人工的な斜面のこと。道路建設や宅地造成などに伴う、地山掘削、盛土などによって形成される。

都道府県の対策でユニークなのが、和歌山県が二〇一三年四月に施行した「津波からの円滑な避難に係る避難路沿いの建築物等の制限に関する条例」による取り組みだ。地震で建物が倒壊して避難路を塞ぎ、逃げられなくなることを避けるため、沿道建築物の耐震化を義務づけている。古い建物の多い地域では共通となる悩みだけに、この成果が注目されている。

和歌山県内の津波避難路などの総延長は約二〇〇キロ、耐震性のない建築物は七〇〇〇棟を超えると想定されている。このうち、とくに重要な避難路を選び、地震に耐えられない危険建築物の取り壊しを所有者に求めるという考えである。

和歌山県は、「避難が遅れればどれだけ問題になるか考えてほしい」と訴えている。建物の取り壊しを進めるためには、所有者の負担をどのように軽減するかも課題となる。

シェルターも

本州最南端にあたる和歌山県串本町は、静岡県などと並び、南海トラフ巨大地震の発生から津波到達までの時間がもっとも短く、深刻な被害が懸念されている地域である。また、町役場がある中心街は砂州と埋め立て地に発達したという背景もある。これまでにも対策は行ってきたが、最短六分後に来る高さ約九メートルの津波から逃げることが今でも難しい「避難困難地区」である。そのうえ、巨大地震によって津波の高さは二倍になると予測されている。

「地震が起きたときには、どれだけの高さの津波が来るかは分からない。まず、逃げることに最善を尽くす。最初から諦めてはいけない」

このように、串本町は「地震即避難」を訴えている。さらに、津波に流されても助かるようにと救命胴衣の購入補助もはじめた。究極の避難策として、潜水艦のようにして津波をしのぐシェルターの建設なども検討しているという。

巨大な津波を避けるためには、津波が来ない場所に新しく町を開く「高台移転」が抜本的な対策となるだろう。串本町や静岡県沼津市などでは、事前に「避難する」動きもはじまっている。

たとえば串本町では、JR串本駅の後背地に広がる高台を切り開き、町立病院がすでに移転しているし、消防署や和歌山県の出先機関、町

津波の被害が心配される串本町

役場などの公的機関も移る予定となっている。言うまでもなく、新しく家を建てる人もこの地域を選びはじめた。

近くを通る高速道路の整備に合わせて、串本町の中心を安全な場所に移すことも考えられるが、最大のネックは「町の予算だけではできない」という財政問題となっている。事実、東日本大震災で被災した岩手、宮城、福島の三県では、国の防災集団移転促進事業を使って高台移転するエリアは四〇〇地区を超えており、事業費は合わせて数千億円に上ると想定されている。通常なら国の補助は四分の三だが、東北の場合は被災地の特例として、自治体の負担はないなど手厚い支援がある。

復興のために国が思い切った負担をしている。そうであれば、予防的な津波対策にも国が十分に支援をするべきではないだろうか。そうすれば、大地震があっても被害を減らすことができるし、復興も早くなるというものだ。これが、南海トラフ巨大地震の対策に頭を痛めている自治体側の訴えだ。

待機できる環境

首都直下地震では、津波とは正反対に「むやみに動き出さない」ことが重要となる。これを具体的に示したのが、二〇一三年年四に施行した「東京都帰宅困難者対策条例」である。

東日本大震災では鉄道が軒並みストップし、首都圏では五一五万人が自宅に戻れなくなった。帰りを急ぐ人が車道を歩いたこともあり、生じた渋滞は深刻なものとなった。このような反省から、一斉帰宅を抑制し、歩行者が帰宅中に怪我をするのを防ぐと同時に、消防車や救急車など緊急車両の通行も確保するというのが、東京都が条例を作成した理由となる。

条例は事業者に対して次のことを要請している。

❶三日分の水や食料などを備蓄する。
❷災害時には従業員を事業所内にとどまらせる。

また、買い物客や観光客ら行き場のない人については、東京都の施設などで一時的に受け入れることにしている。このような条例の狙いを、東京都は次のように説明している。

「首都直下地震となると、電車はさらに長い間止まるだろう。代わりにバスで搬送しても、全員が帰るまでに最大六日間かかるという試算もある。それだけに、待機できる環境が重要だ」

日本列島は地震の活動期に入ったとされる。人口減少や高齢化など社会の変化を前提にして、次の一〇〇年の国土構造をどのようにするのか。「災害に強く、しなやかな社会」の構築に向けて、予防的な対策とその支援の枠組みを早急に整えるべき時期に来ている。

2 進む巨大地震対策

南海トラフ巨大地震が発生すれば、最悪三二万三〇〇〇人が死亡すると試算されている。一方、首都直下地震では二万三〇〇〇人が犠牲になると想定される（**表4-1**参照）。未曽有の被害だが、着実に備えれば被害を減らすことができるし、命を救うことは可能だ。

更新がチャンス

愛知県・渥美半島にある田原市は、伊良湖岬や花卉《かき》農業で知られている。その先端部近くにある堀切小学校は、南海トラフ巨大地震が起きれば、三〇分以内に最大一五メートルの大津波に襲われる恐れがあるとされている。三階建て校舎では危険だとして、約一〇〇人の全児童が安全な場所に走って逃げる訓練を続けている。

田原市の堀切小学校

表4－1　主な地震の被害、被害想定

	東日本大震災	南海トラフ巨大地震	首都直下地震
死者・行方不明者	1万8,600人	32万3,000人	2万3,000人
負傷者	6,200人	62万3,000人	12万3,000人
最大避難者	47万人（3日目）	950万人（1週間後）	720万人（2週間後）
全壊・焼失家屋	12万7,000棟	238万6,000棟	61万棟
経済被害	16.9兆円	220.3兆円	95.3兆円

「落ち着いて勉強ができる環境がほしい」という保護者の願いは当然のごとく強い。過疎と少子化によって児童数がさらに減る見通しがあったこともあり、田原市教育委員会は二〇一三年七月、堀切も含めた三つの小学校を二〇一五年度から統合することを決定した。その結果、安全な場所にある別の小学校までスクールバスで通うことになった。市教委は、「津波を考慮した学校の統廃合は珍しい」と強調している。

東日本大震災の教訓から、学校や病院など公共施設の統廃合や建て替えの際には、津波に対する安全性を考えて場所を選ぶことが基本となってきた。今後、高度経済成長期に急いで整備された公共施設や道路、橋などの維持・管理、更新が大きな社会問題となってくる。予算が制約されるなかで必要な社会資本を選択し、効率的に更新することが求められている。コストをできるだけ抑えて、南海トラフ巨大地震などの自然災害に備える必要がある。

これを実現するためには、地方自治体による、中長期的な視点に立った戦略的な取り組みが不可欠となる。まず行うべきことは、地震による津波や揺れ、大雨による洪水や土砂崩れなどが想定される危険な地域を詳細に予測し、公開することである。次に、安全な場所へと人や建物を誘導する青写真を描くことが必須となる。人口の減少や高齢化も考慮しながら、地域の将来像を住民や議会と話し合い早急に計画をまとめるべきだろう。

さらに自治体には、学校、病院、役所など公共施設の更新や統廃合にあわせて、いつごろ安全な場所に移るのか、その具体的な計画も示すように求めたい。危険な地域への住宅や工場の立地を規制することも可能だが、土地所有者の反発も予想されるだけに現実的には難しいだろう。

地域の将来像と危険性の公表によって、工場や住宅の建て替えなどを契機に、安全な場所を選んで自ら移転できるような環境をつくることが長期的には効果が高いと言える。ただ、個人負担がネックとなって移転できない人が出てくる可能性も強い。将来像を議論する過程で、まちづくりのためにどのような支援が可能なのかについても検討することが必要となる。

災害医療

「玄関前の屋根に覆われたスペースは、緊急時には怪我人の治療優先度を決めるトリアージの場所になる。玄関から入ったロビーの椅子も、怪我人を寝かせられるような形を選んでいる」

静岡県掛川市の高台に新しく建てられた中東遠総合医療センターの担当者がこのように説明してくれた。

この医療センターは、掛川と袋井の市立病院を合わせて二〇一三年五月にスタートした。東海地震などに備え、治療を一切止めないことを目指しているほか、重傷患者を引き受ける災害拠点病院の役割を果たすことになっている。

建物は、もちろん免震構造を採用している。建物が耐震構造だと磁気共鳴画像装置（ＭＲＩ）などの診断機器が壊れる恐れがあることを東日本大震災で学んだからだ。

地震などの災害が起きたときには、会議室や廊下を活用して五〇〇ある病床を八〇〇まで増やすことになっている。電気やガス、水道の供給も二ルートを確保している。外部からの供給がなくても、自家発電で電気は最長一八日間、水も六日間は使えるようにしているという。

中東遠総合医療センターの玄関

医療センターの担当者が次のように説明してくれた。

「医療レベルによって使う電力、水の量も変わる。医師らが話し合い、さまざまなケースを考えて事業継続計画（ＢＣＰ）の中身を固めた。訓練によって実効性を高めたい」

ただ、次のような指摘もある。

「大災害時には、この病院だけでは無理だ。応急措置をし、他県の病院にどんどん移送する方針だ。輸送手段の確保など、静岡県全体で詰めることは山ほどある」

一方、首都直下地震に備える東京都は、重傷者は基本的に都内で収容する考えとなっている。七〇ある災害拠点病院には三日間の自家発電機能をもたせ、ＢＣＰの策定も求めている。その内容について、東京都の担当者が解説してくれた。

「ＢＣＰは、地震から直後の六時間、超急性期の七二時間、急性期の一週間など六段階に分け、ライフラインなどの回復状況に応じて医療体制を整えるように求めている」

病院の収容能力、いわば「医療の力」より、怪我人の数が常に上回るのが災害医療の現場と言える。備えに万全というものがないだけに、柔軟な対応ができるように訓練を通じて絶えず体制を見直すことが重要となる。

3 国土強靱化

東日本大震災を契機に、「国土強靱化」が防災のキーワードになってきた。それをふまえて、二〇一三年一二月には「国土強靱化基本法」が公布されている。国や地方自治体に対し、地震や大雨などへの備えを充実させて被害を軽減するとともに、迅速な復旧・復興ができるよう総合的に取り組むことを求めている。

南海トラフ巨大地震の被害が想定される地域を中心に、最悪の事態に対応する「強靱化計画」の作成が急務となっている。一方、企業などを東京から誘致するチャンスと動く自治体も出ている。ここでは、各地の対応をまとめてみた。

行動計画

高知県が、取り組みの状況をまず説明してくれた。

「国が南海トラフ巨大地震の被害想定を二〇一二年八月に発表した。これを受け、地震対策を加速するために新しい行動計画を二〇一三年六月につくった。新計画では、発生直後、応急期、復旧・復興期という時間軸に分けて取り組みを具体的に定め、進捗状況を毎年チェックしている」

新計画の減災目標には、想定される現状の死者数四万二〇〇〇人を「三年後には一万一〇〇〇人まで減らす」ことを据えている。その中心となる対策としては、次の二つがある。

❶津波に備えて、必要な避難場所や避難タワーの整備を終えて地震直後に安全な所に逃げる人の割合を二〇パーセントから一〇〇パーセントにアップする。

❷住宅の耐震化率を三ポイント引き上げて七七パーセントにする。

具体策のうち、津波が来襲する場合に備えた対策では、避難路・避難場所の整備、高齢者らが入る施設の高台移転の促進などを挙げており、整備目標も示している。もともと高知県は、南海地震の直撃に備えて二〇〇九年度に第一期の行動計画を策定している。その後、東日本大震災で得られた教訓を生かすためと、南海・東南海地震より被害が甚大となる南海トラフ巨大地震像を国が示したことを受けて、新計画を二〇一三年度にスタートさせている。

この国土強靱化基本法に基づいて、国は強靭化の地域計画の策定を地方自治体に求めているわけだが、それに対して高知県は、「新計画はこのまま地域計画に使える。先例となる取り組みだ」と胸を張った（**表4－2**参照）。

一方、九州の宮崎県は、強靭化の対策を開始した段階である。高知県よりも遅れている理由を、担当者は次のように説明した。

表４−２　国土強靱化地域計画の策定作業ステップ

1	地域の実情、災害の切迫性などに応じて目標を設定する。
2	地震、津波、洪水など想定する自然災害を特定し、最悪の事態を想定した対策の必要な分野を選定する。
3	自然災害にどれだけ耐えられるのか、課題は何かを分析、評価する。
4	今後必要となる施策を検討して、対応方針を整理する。
5	影響度、緊急度などを考慮し、重点化、優先順位づけをしたうえでまとめる。

「南海トラフ巨大地震の新しい被害想定で、深刻な被害が起きる可能性が初めて出てきた。ゼロからはじめたような状態で、まずは命を守るため、津波からの避難場所の確保が最優先となる。地域計画の策定はそのあとだ」

東海、東南海・南海などの地震に備えてきた静岡県や高知県などは先進地として取り組みも早いが、そのほかの地域は「これから」というのが実情である。どうやら、地域計画の取り組みには濃淡があるようだ。

同床異夢

新潟市は、国土強靱化の地域計画の目標に「防災救援首都」を目指すと掲げている。その理由として次の三点を挙げている。

❶中越、中越沖、東日本の各地震で被災地の支援、救援の拠点として実績がある。

❷首都直下地震が起きたとしても、同時には被災しない。
❸高速道路や新幹線も整備されたので交通の便がよい。

同時に新潟市は、日本海側の国土軸を強化する高速道路の整備や本社代替機能の移転など、産業・エネルギーの再配置による東京一極集中の是正を求める考えも示している。国土強靱化を地域経済の活性化につなげようというのが狙いである。

一方、山形県や島根県など一一県知事会議も、国土の強靱化を理由にして高速道路網の未整備部分の解消を訴えている。また、群馬県は災害が起きても事業が続けられるよう、バックアップ拠点を置くことを企業などに提案している。東京に近くて自然災害も少ないことを理由に、「『もしも』に備え『ぐんま』を選ぶ」をキャッチフレーズに、補助金などで進出する企業を支援している。

福岡市も安全・安心に加えて都市機能が集積していることや、中国、韓国に近いことを売りにして、「行政・経済機能のバックアップは福岡に」とアピールしている。もちろん、本社機能の一部を福岡に移す企業に対する支援も充実させている。アメリカの大手生命保険会社の日本法人が進出するなど、「東日本大震災を契機に移転してきた企業は多い」という。また、札幌市でも生命保険会社がバックアップ機能を置くなど同様の成果が出ているという。

地震や津波からの安全を考えて、太平洋に面した県から他県に移る企業や工場も増えている。

福井県も、「原発立地県で電気料金が低いこともあり、工場進出が目立ってきた」と証言している。これに対して高知県は、「日本海側から県内企業にラブコールが続いている」と危機感を募らせている。「高台を求める製造事業者が多い」として、県内の工業団地の造成を急ぎ、流出を防ぐ戦略を展開している。

同様に静岡県も「内陸フロンティア」を提唱しており、東名高速道路よりも山側を走っている新東名のインターチェンジ周辺を中心に開発している。県は、その狙いを次のように説明している。

「安全な所にという企業や住民が、県内に残ることができる選択肢を用意したい」

同じ強靱化でも、対策に追われる自治体と、活性化のチャンスと見る自治体がある。つまり、「同床異夢」の状況になっている。

安定した配分

国土強靱化基本法に基づいて、二〇一三年一二月に定めた国土強靱化政策大綱では、基本的な方針として次の三つの考えが示されている。

❶過剰な一極集中を回避し、「自律・分散・協調」型の国土を形成する。

❷ハードとソフト対策を適切に組み合わせる。
❸既存社会資本の有効活用によって費用を縮減する。

この一極集中の回避などが、国土強靭化を理由にして、高速道路や新幹線の整備促進を地方自治体が求める根拠となっている。さらに自民党内では、一〇年間で約二〇〇兆円を集中投資する構想が出たこともある。このため、国土強靭化が「公共事業のバラマキを招く」という批判も出ていた。しかし、二〇一四年六月に閣議決定した政府の国土強靱化基本計画では整備額が明示されていない。となると、バラマキの批判は当たらないだろう。

強靱化の地域計画づくりは、地方の防災能力を高めるのが本来の目的である。堤防や道路の整備、トンネルの強化などから、緊急度や優先度の高い事業を選ぶことである。かぎられた財源のなかで最大限の効果を上げるための必要不可欠な作業とも言える。地方自治体は、早急に地域計画を策定すべきであろう。

二〇一四年度の公共事業費は、「国民の安全・安心の確保」などを理由にやや伸びたが、二〇一五年度はほぼ横ばいだった。着実な防災対策に必要なのは、優先順位を付けた具体的な計画と、その事業の実施を裏付ける予算の配分である。政治的な思惑でいたずらに予算額を増減させることではなく、安定した配分を求めたい。

4 企業防災

東日本大震災では企業も大きな損害を受けた。その教訓を生かし、南海トラフ巨大地震など次の災害に備えて、仕事をスムーズに再開できるようにする事業継続計画（ＢＣＰ）を作成する企業も増えている（一八〇ページも参照）。その課題を探ってみた。

社員の力

仙台市の海岸近くにある鈴木工業は、産業廃棄物を中間処理する会社である。二〇一一年三月の東日本大震災では、海岸から五〇〇メートルの距離にある中間処理施設が高さ五メートルの津波で全壊した。しかし、その三八日後には処理を再開しており、その復旧の速さが高く評価されている。その理由を、鈴木伸弥専務は次のように話してくれた。

「ＢＣＰ（事業継続計画）を二〇〇九年につくり、年に三〜四回訓練をしていた。その結果、マニュアルを見ることもなく、社員一人ひとりが目標や役割をしっかり認識して行動できた」

ＢＣＰでは、焼却炉を三か月で復旧する目標を設定している。このため、入手が困難と見られる部品はあらかじめ備蓄し、焼却炉を修理する協定も山形県のプラントメーカーと結んでいた。また、社員の機転で、復旧に必要な大型自家発電装置も震災の当日にレンタルで入手している。この結果、復活は目標よりも早くなったという。

さらに、社員の発案からラジオを聞きながら仕事をすることにしていたので、避難も早かった。仕事用の車はいつもガソリンを満タンにしていたので、仕事も続けられたという。鈴木専務は指摘する。

「トップがいちいち判断や指示をしていては、大災害には対応できない。社員の力が重要だ。それに、一社では限界もある。今後は、同業者組合や地域で助け合うことも必要となる」

東日本大震災では、ＢＣＰによって迅速に復旧できたと評価する声がある一方で、「事前の訓練が不十分で、災害の応急対応や安否確認にとどまった」とか「仕入れ先との計画の共有ができていなかったために連携が不十分だった」という声も目立った。いったい、どのように取り組めばいいのだろうか。野村総研の浅野憲周上級コンサルタントは人命優先を強調している。

「まず、社員の命を守る対策を徹底すべきだ。それができないと、ＢＣＰでいくら地域支援や早期の生産再開といっても達成できない」

リスク分散

浜松市に拠点を置くスズキは、約五〇〇億円かけて海岸近くの二輪技術センターなどを安全な工業団地に移すことを震災直後の二〇一一年七月に決めた。「東海地震では、揺れと火災だけを考えていた。津波は想定していなかった」と、それまでの対策に弱点があったことを認めての判断である。

本社についても、「海から三キロ程度の距離にある。二〜三メートルの浸水の恐れもある」と予想し、事務棟の一階は会議室として使い、データを保管するサーバーも安全な高台に移した。そのほか、操業が停止する期間を短くするため、自動車エンジンを複数の工場でつくるなどしてリスクを分散している。

一方、東北、関東に部品の仕入れ先が数多くあったトヨタは、東日本大震災で自動車用マイコンなど調達できない部品が出た。このため、生産を元に戻すまでに六か月もかかり、七六万台の納期が遅れるという影響が出た。生産が滞った期間は、一九九四年の阪神・淡路大震災の四〇日、二〇一一年のタイ大洪水の二か月に比べても長かった。

南海トラフ巨大地震が起きると、愛知県の本社と主力工場が被災することは十分に想定できる。それゆえ被害についても、「これまでの震災とは違う。減産は半年以上続き、数百万台の生産に影響が出る」と予想している。

事業継続計画（ＢＣＰ）では、「震災から三〇日以内で優先する車種の生産を再開する」との仮の目標を立て、部品の仕入れ先とも共有している。サプライチェーン（部品の調達・供給網）もチェックし、どこに生産を止める弱点があるのかを突き止めた。これを受けて、生産工場の耐震強化や仕入れ先の多様化、部品の備蓄などを進めている。トヨタは次のように指摘している。「素早い復旧には、仕入れ先も含めて日常業務をシンプル、スリムにすることが大切だ。仕事も絶えず見直し、有事に優先する業務は改善して強化し、優先しないものは統廃合する。経営の視点が不可欠だ」

策定支援

事業継続計画（ＢＣＰ）の作成では、地震や津波に加えて洪水や原発事故、新型インフルエンザの流行などさまざまなリスクを対象にして、どれぐらいの影響があるかをまず評価し、次に被害を軽減するための対策と事業再開の目標、そしてその目標を達成するための手段をまとめる必要がある。

ＢＣＰに盛り込む内容については、内閣府などがガイドラインを策定している。また、国際的にも米中枢同時テロ（二〇〇一年）などを受けて、国際標準化機構（ＩＳＯ）が事業継続の国際規格を発行している（**表４－３参照**）。

表4−3　事業継続の仕組み

「人命を最優先する」などの基本方針を策定する
↓
地震、津波などのリスク、事業影響を分析、評価
↓
事業継続の戦略・対策を決定
↓
事業継続計画（BCP）の策定
↓
BCPに基づき対策、教育・訓練を実施
↓
BCPの見直し・改善

ＢＣＰの普及に取り組むＮＰＯ法人事業継続推進機構の細坪信二理事は、その課題を次のように指摘している。

「元の姿に戻すだけでは、企業は新たな借金を背負うことになり、経営が余計に苦しくなることもある」

企業の経営陣は、災害だけにかぎらず、為替の大幅な変動など経営環境の大きな変化も予想しなければならない。そのうえで、資金繰りがどうなるかも評価してＢＣＰをつくる必要がある。その際には、「得意分野への経営資源の集中や不採算事業からの撤退、他の企業の活用など経営のあり方を抜本的に見直すことも視野に入れて検討するべきだ」とも細坪理事は言っている。

ＢＣＰで示す対応策とは、いわば経営戦略そのも

のである。つまり、経営戦略をもたない企業は、効果的な計画を作成することができないとも言える。

二〇一四年一月の内閣府の調査によると、大企業の七三・五パーセント、中堅企業の三七・三パーセントがＢＣＰを作成している。業種別では、電気や通信、ガスなどインフラ関連、金融・保険業の割合は高いものの、宿泊業・飲食サービス業などは一〇パーセント程度にとどまっているという。策定を促すために国や自治体は、公共事業の発注や公的な物品調達の際にはＢＣＰをもつ企業を優遇するなど、支援策も検討する必要があろう。

5 整備新幹線

近年、整備新幹線の建設が進んでいる。二〇一〇年一二月には東北新幹線の「八戸―新青森」、二〇一一年三月には九州新幹線・鹿児島ルートの「博多―新八代」が開業した。鹿児島から青森までが新幹線で結ばれたわけである。北陸新幹線の「長野―金沢」も二〇一五年三月に開業したほか、北陸新幹線の「金沢―福井」、北海道新幹線の「新函館北斗―札幌」の開業前倒しも決まっている。整備新幹線は、期待されたような成果を上げているのだろうか。

リベンジと期待

「青森、函館の新しい交流圏で売り出したい」と、青森県の担当者が決意を新たにした。その裏には、東日本大震災の影響で「八戸―新青森」の「開業効果」が得られなかったという思いがあるからだ。

開業直後の青森県内の宿泊者数は、前年同月に比べて一〇パーセント超の伸びを示した。しかし、東日本大震災によってその後は大幅なマイナスとなり、ようやく二〇一三年になって回復してきたというのが実情である。それをふまえて青森県は、三度目の経験となる二〇一六年春の北海道新幹線「新青森―新函館北斗」の開業でリベンジする作戦をとっている。「津軽海峡交流圏」というキャッチフレーズを使って、すでに北海道や函館と共同でアピールをはじめている。「仙台から函館や札幌を訪れたり、札幌から青森に来たりと、これまでと異なる人の流れが生まれ、新しい需要を掘り起こす」と、担当者は意気込んでいる。

一方、熊本県は鹿児島ルートの開業を「一〇〇年に一度のビッグチャンス」と捉えた。熊本駅から新幹線で三時間程度となる大阪など関西をターゲットとして、開業前の二〇〇八年二月から観光アピールを開始していた。売り込みのために誕生したゆるキャラである「くまモン」が大人気となるという、思わぬ効果もそこにはあった。

一年間で、宿泊客は四〇パーセント以上増加している。観光を中心に、近畿地方や中国地方との交流も二割も増えている。「大阪―熊本」を結ぶ旅客機は小型化されたが、「利用者は想定ほど減っていない。全体のパイが大きくなった」というのが熊本県の評価である。

九州新幹線による旅客の増加や経営の安定も貢献して、JR九州は二〇一六年度に上場できる環境が整った。熊本県は今後、熊本から大分や宮崎、長崎など隣県へ移動する観光ルートをつくり、リピーターの確保につなげる考えとなっている。

また長野県も、二〇一五年三月の北陸新幹線の開業に向けて新しい周遊コースづくりに着手している。「北陸の空港に来た外国人が、新幹線を使って長野を通って東京に出ることも可能になる。これまで目を向けてこなかった北陸との関係ができる。さらに、長野から北陸経由で大阪に出やすくなる。チャンスは大きい」と期待している。

このように、開業の効果は観光や「田舎暮らしの移住先として評価が高い」（長野県）といった点に関しては分かりやすい。一方、企業誘致への貢献など経済の影響については、「あるだろうが、多くの要素が関係するために分析できない」というのが各県の本音である。

違和感

整備新幹線の開業に合わせて地元の道県は、JRから並行在来線の経営を引き継いでいる。北陸新幹線が開業する前の二〇一五年二月現在、それは全国で四区間あった。営業収支を先に述べると、「肥薩おれんじ鉄道」が二億円の赤字となっているが、それ以外は黒字となっている。その裏には、自治体側の負担や運賃水準の引き上げがある。

「肥薩おれんじ鉄道」について熊本、鹿児島の両県は、「通学用列車として残す」としている。生じている赤字は、沿線自治体で穴埋めするという。車窓から海岸の風景を見ながら地元食材を楽しめる観光列車「おれんじ食堂」を走らせるなど、民間から社長を迎えて増収に必死となっている。

一方、長野オリンピックに向けて長野新幹線が一九九七年に開業したとき、並行在来線を経営する「しなの鉄道」への国の支援はなかった。それゆえ、当初から毎年二億～六億円の赤字になっていたという。

そんな「しなの鉄道」も、二〇〇四年度に長野県から一〇三億円の公的支援を受けてやっと黒字になった。これを教訓に、関係自治体が改善を要望した。その結果、①初期投資や設備、車両更新に対して国が支援する、②ＪＲ貨物の線路使用料を引き上げる、などの支援もあって、何とか経営できる形にはなってきたという。

だが、東北線という大動脈のうち青森県内の「目時―青森」は第三セクター会社「青い森鉄道」、岩手県内の「盛岡―目時」は「ＩＧＲいわて銀河鉄道」が経営することに「やはりＪＲが受け持つべきではないか」（青森県）との違和感もある。それに、緊急時の迅速な復旧の体制づくりなどといった課題も残っている。

整備新幹線には、北海道（青森―札幌）、東北（盛岡―青森）、北陸（東京―大阪）、九州の鹿児島ルート（福岡―鹿児島）と長崎ルート（福岡―長崎）がある。言うまでもなく、国と地方自治体などが建設費を負担している。そして、独立行政法人の鉄道建設・運輸施設整備支援機構が建設・保有し、借り受けたＪＲ側が営業主体となる。並行在来線のうち、採算が大幅に悪化する区間の経営は、沿線自治体がＪＲから引き継ぐことが大前提となっているというこの仕組みは、ＪＲへの過重な負担を避けることが理由なわけだが、自治体側から見れば次のような不満の声が出るのも当然となる。

「東海道や山陽などの新幹線には地元負担がないのに、どうして整備新幹線では求められ、しかも赤字路線を押し付けられるのか」

新幹線や高速道路などの整備は、効果を上げるために人口が多くて経済が発展した地域からはじめるのは仕方がないと

工事が進む福井駅

しても、「不公平」という思いが強いのは確かである。

自治体の負担額はどうなっているのだろうか。たとえば、北陸新幹線の整備で石川県側の負担は、建設費だけでも一〇〇〇億円を超えている。さらに、並行在来線となる北陸線区間の鉄道設備の買い取りに八〇～八五億円、そして在来線を経営する会社への出資と、経営安定化のための運行支援基金は五〇億円程度が必要だった。それでも収支は赤字となるため、運賃水準をＪＲ時代よりも一割近く上げるという。

国からの地方交付税によって軽減される負担分もあるが、財政難の自治体には新幹線整備に伴う負担は重い。国は、一層の軽減策を考えるべきではないだろうか。そして自治体側には、観光も含めて効果を最大限発揮するための利用戦略をつくるように求めたい。

6 リニア中央新幹線

東京・品川―名古屋を四〇分で結ぶ、リニア中央新幹線の工事が二〇一四年一二月にはじまった。その事業費は五兆五〇〇〇億円にも上る。二〇二七年開業に向けて、中間駅ができる自治体は「地方創生の最後のチャンス」として「新しい玄関口」の整備構想を練っている。

一方、二〇四五年に開業とされている名古屋―大阪について京都府は、現在の奈良回りルートの変更を求めている。また、開業前倒しの議論が進まないため、大阪は「政治闘争」も辞さない構えとなっている。テスト走行で時速六〇〇キロメートルを超えた、リニアをめぐる動きを追ってみた。

ストロー効果

「空港も新幹線もなかった山梨県にとって、リニアは観光やビジネスに大きなインパクトがある。千載一遇のチャンスだ」と、山梨県は初のビックイベントに一丸となっている。

リニア新駅は甲府市の南部に設置される。JR甲府駅とは直行バスで結び、富士山観光の玄関口としても整備するという。乗降客数は一日一万二三〇〇人を想定しており、観光目的はそのうち七割を見込んでいる。

「中京圏、関西圏との結び付きが強まる。羽田空港からは乗り換えも含めて約六〇分だ。全国から観光客を集められる」と、山梨県は時間短縮の効果に大きな期待を寄せている。それに、経済効果も大きい。新たに立地する事業所は二六〇〇社、経済波及効果は二四二〇億円に上り、人口は一万四六〇〇人増えると推計されている。

二〇一五年二月に就任した後藤斎《ひとし》知事は、「山梨県の人口を現在の八四万人から一〇〇万人に増やす」という新たな構想を打ち出した。東京の通勤圏に入ることから、リニア通勤も含めた移住者の呼び込みに力を入れる考えだ。言うまでもなく、地方創生の柱となる施策である。

一方、神奈川県では、相模原市のＪＲ橋本駅の周辺に新駅ができることになっている。「圏央道のインターチェンジにも近い。新たなビジネスを誘致したい」というのが相模原市の希望である。また、米軍基地の返還も予定されており、市役所にも近い相模原駅周辺とあわせ「広域交流拠点」として整備する計画を立てている。

長野県では、飯田市の郊外にリニア新駅が設置される。飯田市は、「県南の玄関口と位置づけ、ＪＲ飯田線、中央道への結節を考えた広域交通拠点を目指す」と説明している。そのほか、産業振興と学術研究の拠点として、近くの県立高校跡地に「サイエンスパーク」を整備する構想も練っている。

そして次のリニア中間駅、岐阜県中津川市には車両基地が置かれることになっている。整備のために車両が何両も止まっているところを見ることができるだけに、「リニアのホームタウン」としても売り出す考えを表明している。

とりあえずの終点は、「世界に冠たるスーパーターミナル・ナゴヤ」である。ＪＲ名古屋駅周辺は、私鉄や地下鉄の駅がたくさんあって分かりにくいと批判されている。リニア駅の整備を契機に、「利用しやすい空間をつくる」として大規模な再開発事業がめじろ押しとなっている。とはいえ、リニア開業には懸念も抱えている。

「東京本社の会社の支店やオフィスが閉鎖にならないか。東京に人やモノが吸い上げられるストロー効果が起きないだろうか」と、名古屋市は指摘している。また、「開業してからの対策では遅い」として、今のうちから駅前再開発など名古屋の魅力を高める事業を積極的に進める方針もとっている。

同時に、名古屋駅に一極集中することも心配している。また、周辺の名古屋城や繁華街の栄《さかえ》にどうやって人を導くかも課題となっている。名古屋市は、次世代型路面電車（ＬＲＴ）も含めた公共交通の整備を検討しているという。

東京まで四〇分、名古屋駅に着いてから四〇分で県内にある都市のどこまで行けるのだろうか。愛知県が頭を悩ませるのは、県内における均衡ある発展だ。東京までの時間距離が短くなることで名古屋駅からの時間を無駄と考えて、県内の企業が名古屋駅の周辺に集まる危惧があるほか、さらに東京に出てしまうことを阻止しなければならない。豊田市をはじめとした中核となる都市へのアクセスを向上させることが急務になっている。

圧力をかける

悩みの多いのが関西である。ルート問題では、前述したように、京都府が「観光立国を目指すなかで、京都を通らないことは大きなマイナスだ」と訴えているが、これに対して三重、奈良の両県は共同で、東海道新幹線から離れることで震災時の補完になるとの観点から「三重・奈良ルートでの駅位置の早期確定を」とアピールしており、対立したままとなっている。

名古屋―大阪の開業時期は、ＪＲ東海に任せていれば名古屋までの開業から一八年後となる。この時間差が、大阪経済の「命取り」になる可能性がある。ＪＲ東海は、同時開業が難しい理由について次の二つを挙げている。

❶経営安定のため、借金総額を五兆円程度に抑える。
❷整備のためのマンパワーが足りない。

これに対して、大阪府、大阪市、関西経済連合会などが「リニア中央新幹線全線同時開業推進協議会」を設立した。そして、二〇一五年二月には、「ＪＲ東海の課税前利益から毎年一五〇〇億円、一二年間で計一兆八〇〇〇億円の積立金をつくれば建設費の半分程度は確保できる。これで、九年の前倒しは可能だ」と提案した。

これが実現するなら、「地元として可能な範囲での負担を覚悟」という立場も表明している。地元負担を甘受してでも前倒し開業を訴える構えとなっている。しかし、ＪＲ東海との本格議論ははじまっていない。

「大阪圏以西は、名古屋圏の二・五倍も東海道新幹線の売り上げに貢献する。その大阪、関西の意見も聞いて、全線開業を早めるほうが経営にもメリットがある」と、大阪府は強く主張している。利用者の多さを背景に、圧力をかけるという腹だ。さらに足踏み状態が続けば、発信力のある橋下徹大阪市長らの出番もあるだろう。大阪なりの政治力に訴える局面が近づいていると言える。

JR東海は説明を

リニア中央新幹線は、前述したように、東京・品川―大阪では総額九兆円を超える巨大事業である。それを、JR東海が単独で整備する予定となっている。北陸や北海道などの整備新幹線とは違って地元自治体の負担もなく、赤字に悩む並行在来線を引き受ける必要もない。となると、リニアの中間駅ができる各県がもろ手を挙げて歓迎するのは当然となり、期待が先行するのは仕方がないだろう。

だが、整備の必要性について十分な理解を得ているかとなると、はなはだ疑問である。整備の理由について、JR東海は以下の三つを挙げて説明をしている。

❶日本の大動脈を東海道新幹線と合わせて二重にすることで同時被災を避ける。
❷東海道新幹線の老朽化対策を進める。

❸東京と名古屋が一体となった巨大都市圏を形成し、経済活性化に生かす。

しかし、複数ルートであれば、三月に金沢まで開業した北陸新幹線の全線整備を急ぐほうが同時被災の恐れがより少ないと言える。また、経済活性化であれば、東海道新幹線の料金値下げもあり得るのではないだろうか。

地方創生のためには、東京一極集中の是正が必要というのが政府の立場である。整備計画を決めた二〇一一年五月の国土交通省交通政策審議会の答申は、「さらなる一極集中を招く可能性も有している」と指摘した。リニアの建設が一極集中を招かないかどうかの検証もなされていないし、対策も取られていない。JR東海や国は、これらの点についての説明責任を果たすべきである。

東海道新幹線の将来、つまり「名古屋―大阪」のリニア開業時期についても国土政策のあり方の視点から、国が中心となって幅広く広く議論し、必要であれば開業時期の前倒しの方策を取るべきである。JR東海の費用で造るからといって、民間企業に丸投げをすべきではない。言ってみれば、この国のかたちの問題なのだ。東京オリンピック前に開業した東海道新幹線は、現在JR東海の所有物となっているが、元をたどれば旧国鉄が整備した国民共有の財産であったことを忘れてはいけない。

7 道の駅一〇〇〇か所時代

道の駅がはじまってから二〇年が超え、その数が一〇〇〇か所に達した。まだ鉄道駅に比べると一〇分の一程度の数だが、農水産物の直売や地域ブランドの発信で人気を集めているし、道の駅周遊が旅の一つの形にもなっている。その一方で、質の低下を懸念する声も出はじめている。

衣替え

日本海を望む山口県の道の駅「阿武町」、町の名を冠したこの道の駅は、一九九三年に国から第一号の認定を受けた。いわば、道の駅発祥の一つである。その阿武町は、二〇一三年、一年をかけてリニューアルすることを決めた。阿武町の担当者が意気込んで言う。

「売り上げがピークの三億円から半減した。直売所も手狭だ。地域活性化のために売り場面積を二倍にし、海が見える温泉も再建する」

平年度予算の規模が二六億円程度の町が、国の補助があるとはいえ、八億円も出そうというほどの力の入れようとなっている。

現在の収支はとんとんだが、隣の萩市には「萩しーまーと」のように魚の販売で名を上げて、

表４−４　特色のある主な道の駅

流氷街道網走（北海道網走市）	網走川河口にあり、オホーツク海や知床半島を一望。冬は砕氷船「おーろら」の発着場で流氷観光の拠点となっている。
遠野風の丘（岩手県遠野市）	農産物を直売、地元女性グループによる飲食店も人気。東日本大震災では、避難者受け入れや食料品提供の窓口になった。
湯西川（栃木県日光市）	野岩鉄道会津鬼怒川線の湯西川温泉駅に直結しており、ダムとダム湖を探検する水陸両用車によるツアーもある。
氷見（富山県氷見市）	氷見漁港の場外市場の位置づけで、鮮魚店や農産物の直売所が充実している。日帰り温泉も隣接している。
富士川楽座（静岡県富士市）	東名高速道路と一般道からのアクセス可能で、プラネタリウムも併設。イベントで客を呼び、繁忙期は400人を雇用している。
いながわ（兵庫県猪名川町）	農家が毎朝運び込む農産物が人気。町を挙げてソバを栽培、全量買い取って提供するなど特産品づくりにも熱心だ。
阿武町（山口県阿武町）	第１号の認定。地元の魚と野菜を直売し、温泉も併設していたが、老朽化のため新しい施設を建設することになっている。
あぐり窪川（高知県四万十町）	大きな「豚まん」が大人気。四万十ブランドにこだわったレストランのメニューも好評。
むなかた（福岡県宗像市）	地元の農協、漁協、商工会、市、観光協会が出資して会社を設立し運営。新鮮な魚介類、農産物の直売が人気となっている。
小国（熊本県小国町）	旧国鉄赤字ローカル線の駅跡に設置され、情報発信に力を入れて毎日イベントを開催している。日曜日にはＦＭの生放送もある。

観光バスが乗り付けるという道の駅も出現している。「このままでは競争にならない」という危機感が後押ししたかたちである。

「温泉を楽しみにする人を集め、売り上げを戻したい」と、道の駅の支配人を務める田中良平さんがその思いを語ってくれた。田中さんはスーパーに勤めた経験を生かして、オリジナル商品の開発もはじめている。レストランには、町民のチャレンジショップも併設するという。

地元産品の直売所、加工品の販売、地産地消レストランという地域振興の三点セットをもつ流行駅への衣替えは近いだろう（前ページの**表4－4**参照）。

人材育成

地元住民との連携や情報発信に力を入れ、地域おこしの中心になっているのが熊本県小国町の道の駅「小国」である。旧国鉄宮原線の肥後小国駅の跡地に町が建てた「ゆうステーション」がシンボル施設となっており、敷地にはレールが残っている。

小国町は、阿蘇山外輪山の北側にある農業と林業の町だ。道の駅ではこの二〇年、地元住民によるイベント開催を支援し、毎週日曜日には観光や道路の情報などをFMで生放送している。また、Uターンの受け入れ窓口という役目も果たしてきた。物販中心の道の駅とは一線を画す存在と言える「小国」の高橋正之助チーフが話をしてくれた。

「農産物は農協も直売している。そこと競合しても地域の発展はない。役割分担をし、人材の育成に心を砕いてきた。活発で楽しく、地域が楽しめる駅にするのが目的だった」

人口は減っているが、「地域を元気にしたい」という人が小国町には増えている。コンサートを開いたり、名物のジャージー牛乳の販売促進活動を東京で行ったりと、「誰でも地域づくりに参加する雰囲気ができた」と、高橋さんは評価している。

加えて、福岡、大分両県の境にある利点も生かして、湯布院など他地域の観光情報も積極的に提供している。「情報があると思って立ち寄った人が、ついでに土産物を買っていく」という状況が続き、道の駅の経営はずっと黒字を続けている。

レールが残る道の駅「小国」

ブランド維持

もともと道の駅には、トイレなどの休憩場所、道路状況や観光などの情報提供、地域の振興という三つの機能が求められていた。さらに、二〇〇四年の新潟県中越地震を受け、防災拠点としての役割も追加されている。また、東日本大震災では、岩手県遠野市にある道の駅「遠野風の丘」が、被災した沿岸部からの避難者の受け入れや食料品を提供する窓口となった。救援物資を搬送する後方支援拠点としても機能するなど、防災面での重要性も高まっている。

道の駅として国の認定を受ければ、道路の案内標識が設置されて地図にも掲載されることになる。大きなＰＲ効果があるだけに、「認定までは頑張るが、その後の運営に無関心な首長が多いのは問題だ」という指摘もある。

道の駅は、農水省などからの補助を受けた市町村が施設を整備し、第三セクターなどが指定管理者として経営する「公設民営」がほとんどである。形のうえでは民営だが、経営経験の乏しい役場ＯＢなどが駅長というケースもある。公募で民間から来た駅長であっても、自治体が最終的に経営方針を決めるために、自由な発想を生かせないという例も多くあるようだ。

全国的な集計はないが、道の駅の三分の一程度は経営状態が悪く赤字のため、自治体が税金で穴埋めしているという指摘もある。経営状況を住民に伝えるなど、自治体は透明化にもっと努めるべきである。

これらの状況を受けて、二〇一二年一二月には駅設置市町村長が「全国『道の駅』連絡会」（会長・本田敏秋遠野市長）を設立した。道の駅を「品質管理」することで、ブランドの維持ができないのかも含めて対応策の検討をはじめている。つまり、休憩場所や情報発信、防災の拠点などといった本来の機能を維持することをまず求めるという発想である。一定の基準をつくって第三者が格付けし、自治体や道の駅の努力を促す仕組みの検討も必要だろう。

道の駅のうち、七～八割は農水産物の産直販売の機能をもっているとされている。スーパーとは異なり、安さを追求する必要はないし、大きさが不揃いだったり、売り切れたりしても問題はない。

自分がつくった農産物や食品を売る場所があること、それが高齢者にとっては生き甲斐となっている。雇用の確保にもつながっており、中山間地を中心に地域経済の救世主としての期待は高まる一方である。地方創生の流れのなかでは、人口の都市への流出を食い止める「小さな拠点」として活用するという動きも出ている。

だが、直売や地産地消レストランが標準装備になることで、道の駅の個性が見えなくなってきた。全国的に同じ業者を使っているために、土産物の内容が似たり寄ったりとなっており、「金太郎あめ的」とも言える。経営の安定や地域振興を理由に商品の販売にこだわりすぎて特色を失っていないかどうか、現状を見直す必要もありそうだ。

8 森林環境税

森林の整備や水源林の保護などを理由に「森林環境税」の創設が続いている。すでに三五県が導入しているし、最近では二〇一四年四月から群馬県と三重県がはじめている。自治体の独自課税として市民権を得ているわけだが、その理由と成果を探った。

工夫

「群馬県は利根川の上流にある県として、下流県に費用の負担を求める『水源税』の必要性を訴えてきた。下流県は、水資源という形で森林整備の利益を得ているからだ。このため、自県だけで必要な対策費用を集める森林環境税の話ができなかった」

群馬県の担当者が、他県に比べて導入が遅くなった理由をこのように説明してくれた。

森林は、群馬県面積の三分の二を占めている。植林して放置されたままのスギ林の荒廃に加えて、竹林の侵入で荒れる里山や平地林など新たな課題への対応が行われている。その対策に必要な額は年間八億二〇〇〇万円と想定されたが、財政難や国の補助金削減もあって予算の確保がこれまで難しかった。

表4－5　森林環境税（導入済み35県）

岩手、宮城、秋田、山形、福島、茨城、栃木、群馬、神奈川、富山、石川、山梨、長野、岐阜、静岡、愛知、三重、滋賀、兵庫、奈良、和歌山、鳥取、島根、岡山、広島、山口、愛媛、高知、福岡、佐賀、長崎、熊本、大分、宮崎、鹿児島

新制度となる「ぐんま緑の県民税」では、二〇一四年四月から五年間、超過課税として個人は県民税均等割に年七〇〇円、法人は県民税均等割の税額の七パーセント相当を上乗せするとなっている。実際の徴収は、市町村民税とあわせて市町村が行っている。このため群馬県は、「里山や平地林の整備など、市町村の提案事業にも毎年二億六〇〇〇万円を充てる」と説明している。すべての自治体にメリットがある制度にすることで、同意を得やすいように工夫したわけである。

参考までに、森林環境税を導入している三五県を**表4－5**で紹介しておこう。各県とも、個人の課税は三〇〇～一二〇〇円の県民税の上乗せとなっており、法人は税額の五～一一パーセントとなっている。税収の総額は二億～五億円規模が主流となっている。

独自性

二〇〇五年度から森林環境税を導入した熊本県は、五年間で二二億円をかけて間伐などの事業を進めた。「さらに取り組みが必要だ」として、課税を五年間延長している。

取り組みで注目されているのが、戦後の拡大造林の時代に植林した急傾斜地や山奥にある民有地での間伐である。それによって、スギやヒノキの四割ぐらいを切り倒すという「強度間伐」を実践した。日の光を入れることで広葉樹の生育を促し、自然に近い混交林に戻していくわけである。熊本県は力を込めて言う。

「全国でも初の試みだ。他の自治体でもこれに倣った施策を森林環境税で取り入れている」

自然に戻す施策が全国に広まったのは一つの成果と言える。木材の利用を促すために、幼稚園や保育園などが木製の机や椅子を購入する際の助成にも使っている。

一方、長野県では、森林環境税についてのアンケート回答者の八割が課税継続に賛成だったという。この高い支持を背景にして、二〇一三年度から二期目をスタートさせている。第2章でも述べたように、外国資本による水源林の買収に備えるため、市町村による水源林の購入にも新たに補助することを決めた。

二〇一四年四月からはじめた三重県の場合は、流木の除去や流木になりそうな渓流沿いの立木をあらかじめ伐採する事業を柱に据えている。

「使える国の補助金がないため、県独自で実施する」と三重県が話しているように、国の制度にない事業を自らの判断でできる使い勝手のよさが大きな魅力となっている。

森林環境税は、高知県が二〇〇三年度から導入したのがはじまりである。県会議員の発案もあって取り入れたわけだが、その背景には、二〇〇〇年の地方分権一括法によって法定外目的税の制度が導入されるなど自治体が独自課税できる雰囲気が出てきたこと、そして地方自治の意識が高まったことも影響したということがある。

ただ、今後の導入について検討中の京都府は、「準備はできているが、復興財源として住民税均等割への上乗せもあり、一緒に上げられるのか」と話しており、タイミングの悪さから二の足を踏んでいる。二〇一四年、二〇一七年には消費税の引き上げなどもあり、導入のハードルは高くなってきている。

手詰まり

前述したように、森林環境税を導入した県の課税方法の多くは、所得にかかわらず定額で課す県民税均等割として、個人は三〇〇～一二〇〇円、法人は税額の五～一一パーセントを上乗せしている。税収規模は年二億～五億円が主流だが、税収が一般会計に入るために使途が見えにくい点については、税収に見合う基金をつくって透明性を確保し、納税者の理解を得ようとする例が多い。その使途だが、間伐などの森林整備に加えて、林を守るための普及啓発や、森林を生かした環境教育の支援、木材の利用促進などさまざまとなっている。導入への住民理解を得るため、地域住民やボランティア団体などが行う森林づくり活動への支援などソフト事業が多いのも特徴となっている。

ほとんどの県が、五年を一期として事業の成果を評価し、課税を延長するかどうかを判断する仕組みとなっている。ただ、自治体の財政難や山林の荒廃を考えれば、一度導入した森林環境税を簡単にやめるとは考えられない。県民税に上乗せして薄く広く負担を求める点や、環境対策になるとの説明もあって、住民側にとっても反対しにくいという面がある。

自治体側は、これにあぐらをかいてはいけない。恒久財源として扱うのであれば、理解を得るために費用とその成果を分かりやすく示すべきである。さらに、住民や市町村などが提案するタイプの事業を増やすことも不可欠となろう。

一方、国も林業の置かれている環境の厳しさを考慮し、補助制度のあり方を検証する必要がある。二〇一二年の林業産出額は三九一七億円で、約三〇年前の三分の一でしかない。産出額の半分が木材で、残り半分が栽培キノコ類というのが現実だ。林業の未来は厳しい状態となっており、手詰まり状態にあると言える。

地球温暖化対策や森林の保全を理由に国は補助金を出しているが、林業の強化に本当に役立っているのか、または地域のニーズに合っているのかを絶えずチェックすべきだ。森林環境税の導入拡大が意味するように、補助金の効果が不十分ではないだろうか。地方に予算を移譲し、自治体の実情にあった使い方に任せることが一つの解決策になると思われる。

第5章　地方創生の糸口

公立はこだて未来大学の校舎

地方創生の総合戦略にはあらゆる施策が盛り込まれているわけだが、実は、それらの多くは地方自治体やＮＰＯ、大学、企業によってすでに取り組まれてきた。要するに、地方創生は国がつくり出した流れではないということだ。換言すれば、政府が雁行《がんこう》するように追い掛けているとも言える。先行する取り組みや、地方創生の糸口を本章では紹介していくことにする。

1　少子化対策

二〇一四年七月、全国知事会は「少子化非常事態宣言」をまとめ、「国家の基盤を危うくする重大な岐路に立たされている」と訴えた。同年九月に発足した政府の「まち・ひと・しごと創生本部」も、「五〇年後に一億人程度の人口を維持」というものを基本方針などで掲げている。行政の取り組みによって人口減少に歯止めをかけることは果たして可能なのだろうか。まずは、少子化対策の現状をまとめた。

優先順位

「子育て満足度日本一の実現」、大分県は二〇〇九年度にこう表明した。「減少が早くはじまり、危機感があった。知事主導で取り組む必要がある」と、県の担当者がその理由を説明している。

これを受けて、「子ども・子育て応援プラン」を策定した。対策の中身は、「待機児童ゼロ」に向けた保育所の整備や男性の子育て参画の促進、そして世帯の経済的負担の軽減などと総合的なものとなっている。

とくに力を入れているのが「もう一人産める環境づくり」である。夫婦が望む子どもの数と現実との間には一人近い差がある。これを埋めることができれば増加につながる、という読みからだ。また、この対策の効果を測るために、①女性が生涯に産む子どもの数を示す合計特殊出生率を全国トップレベルにする、②二五～三四歳の男性の就業率を九四パーセントに引き上げるなど、一四の指標を設定している。

さて、成果は上がっているのだろうか。たとえば、大分市では待機児童の解消が優先されているが、それ以外の地域では反対に保育園の維持が課題となっている。市町村によって取り組むべき問題が異なるという難しさがあるようだ。

結果として、応援プランにもかかわらず都道府県レベルでの出生率の順位はむしろ下がっている。また、転入よりも転出が多いために社会減も続いている。つまり、人口は減っているのだ。

この事実に対して、大分県は次のように意義を強調した。

「『子育て』という視点で施策を毎年度チェックし、足りないところを強化する」

どうやら、子育て施策の優先順位を上げることには貢献しているようだ。

一方、宮崎県は、二〇一一年にまとめた長期ビジョンで、出生率を一・六七から「二〇年後には一・八五に引き上げる」と戦略目標を示した。その理由について、「県人口を一割減にとどめ、一〇〇万人を維持するためだ」と説明している。

達成するための対策としては、「都会に出た若い人が戻るための雇用創出や、子育てしやすい環境づくり」などを挙げている。しかし、宮崎県独自でできることは少ないのではないかと思われる。

高知県はどうだろうか。「まず出会い」として婚活を支援している。担当者が次のように説明してくれた。

「田舎での未婚化、晩婚化がとくに深刻だ。中山間地域だと、適齢期の男女が出会う機会すらない。行政が結婚応援の総合サイトをつくり、婚活を進めるのが第一だ」

行政による婚活支援は、山形県や茨城県などをはじめとして各地で盛んである。市町村主催のパーティーも多く、地方に移住したい人とのマッチングにも役立つ全国組織もできている。

そんななか、沖縄県は出生率の高さや移住ブームも手伝って人口が増えている県である。地方では特異な存在と言えるだろう。しかし、「このままでは二〇二五年をピークに減少に転じる」と予想されている。

「本土の二の舞いになるな」という知事のかけ声を受け、「人口増加計画」を二〇一四年五月にまとめた。今世紀末には、現在より約四割も多い人口二〇〇万人を目指している。二〇一三年の出生率は、国内トップの一・九四（全国平均一・四三）である。それを、二〇三五年までに人口維持に必要な二・〇七を上回る二・三〇にし、その後は二・五〇を目指すという。「過去の実績からは可能な数値だ」とも力説していた。

もちろん、移住者も本格的に受け入れるという。年間八〇〇人から、段階的に二八〇〇人まで増やす方針となっている。とはいえ、「賃金が低く、働く場所もない。子どもの教育が心配などを理由に定着率が低い。この点の改善が不可欠だ」と課題も挙げている。

雇用が第一

都道府県による計画づくりは、自治体の政策すべてを少子化対策の視点から見直し、優先順位を付け直すという点では意味はある。だが、若者の動向は地域経済や雇用に大きく左右され、行政の施策による効果は限定的なものである。人口減少の対策に特効薬はない、と言える。

政府は自治体の要請を受け、二〇一三年度の補正予算で約三〇億円の「地域少子化対策強化交付金」を創設した。結婚から育児まで「切れ目のない支援」のためとするが、「国によるチェックが厳しく活用しにくい」という不満が自治体側には募っている。

取り組む課題は、言うまでもなく国、都道府県、市町村で異なる。成果を上げるため必須なのは、自治体が自由に使うことができる大規模な対策基金の創設である。

地方自治体による少子化対策は、ライフステージや子どもの数によって取り組みが異なってくる。たとえば、結婚のためには出会いに加えて安定した雇用が必要となる。もちろん、結婚して子育てもできるという経済面での将来見通しが立てられるようにするためだ。

さて、第一子の出産のためには、保育所を整備する待機児童ゼロや、出産後に女性が仕事に復帰できる企業の態勢整備が有効となる。そして、第二子を産むためには、母親の子育て負担を軽減する父親の参画が重要となる。さらに第三子をつくるには、子育てや教育の経済的な負担の軽減などが優先される取り組みが必要となる（**表5－1**参照）。

このうち、雇用や子育て環境は企業の取り組みがなければ改善しない。建設機械などのメーカーであるコマツ（旧小松製作所）は、東京にある本社機能の一部について、二〇〇二年から創業の地である石川県小松市に戻すなど地方分散を進めている。移転したのは、職員の研修を担う教育グループや、製品に組み込む部品を調達する購買本部などだ。

「コマツに勤める既婚女性社員の子どもの数は、東京だと〇・七人、石川だと一・九人になる。地方のほうが子育てしやすいのは明らかだ。東京一極集中の是正、少子化対策のため企業としてできることがある」というのがコマツの思いである。

表5－1　ライフステージなどに応じた主な少子化対策

結婚に向けた環境整備	若年者の就職支援、若い世代の所得環境の向上、出会いの機会づくりなど未婚化・晩婚化対策、結婚する若者や子育て世帯向けの住宅供給、結婚や家庭の良さの啓発。
妊娠・出産	周産期の医療態勢の充実、不妊に治療に関する総合的な支援、妊娠・出産に関する医学的な情報提供の促進。
子育て	保育所などの待機児童の解消、安価で利用しやすい家事支援サービスの利用拡大、保育料や教育費などの負担軽減、子ども医療費の助成。
仕事と育児の両立	性別や正規・非正規を問わず活躍できる就労環境の整備、長時間労働の解消、妊娠・出産が女性の離職につながらない就労環境の改善、男性の家事・育児の参画促進。
地方で家庭を築く若者を増やす	若者の雇用につながる地域経済の活性化、若者の就職支援、都市と地方との交流・移住の促進。

少子化対策は、地域経済の活性化や雇用の確保が大前提となる。人口一億人を維持するためにも、企業の積極的な参加が待たれるところである。

もちろん、国の役割も大きくなる。何度も言うように、政府がやるべきことは、総合戦略の進捗状況をチェックして予算を付けるといった自治体の監視ではない。地方の雇用を確保するために、企業や大学を都市から追い出したり誘導したりする。さらに、農林水産業や製造業など地域の基幹産業を支える骨太の政策が必要であろう。

2 コンパクトシティー

加速度的な人口の減少と高齢化で財政悪化が深刻化し、自治体の存続も困難になると言われている。これを避けるため、市街地に集まって住むことで行政サービスにかかるコストを抑えようという動きがある。それを実践する手法として、「コンパクトシティー」が注目されている。富山市を中心に、その取り組みを紹介していこう。

税収の確保

街を歩くと、床が低く乗り降りのしやすいカラフルな路面電車が目立つ。鉄路が続くことの安心感がこの街にはある。北陸新幹線が開業した富山市は、次世代型路面電車（ＬＲＴ）を導入することで中心市街地などに住宅を誘導し、活性化につなげている。森雅志市長が力を込めて語ってくれた。

「三〇年後のこと、将来の市民のことを考えれば、今から将来の行政コストを引き下げるための布石を打つ必要があった」

富山市がＪＲ富山港線を引き取り、公設民営方式で「富山ライトレール」を開業したのが二〇〇六年である。二〇〇九年には、市内の既存路面電車の路線を一部延伸し、環状線をつくっている。

中心市街地への居住誘導策として、富山駅前などの中心市街地、鉄道、軌道の駅から五〇〇メートル、そして多くのバスが止まる停留所から三〇〇メートル圏内の居住推進地区については、共同住宅の建設事業者には一戸当たり最大一〇〇万円、一戸建て住宅の建設・購入者には最大五〇万円を助成してきた。

富山市の人口約四二万人のうち、これら中心地域に住む人の割合は、二〇〇五年で二八パーセントを占めている。それを、二〇二五年には四二パーセントまで引き上げることを目標に掲げている。「非常に不公平感が漂う施策だが、これぐらいやらないと誘導策として実績を上げることができない」と、森市長は言う。

これだけ手厚い支援の根拠となっているのは、固定資産税などの収入の二二パーセント以上が、市面積でわずか〇・四

地域活性化につながる富山市の LRT

パーセントしかない中心市街地から納められているという事実である。つまり、投資して豊かにすることで、それだけ税収が増えるということである。

中心部の活性化策としては、この居住誘導に加えて全天候型の多目的広場「グランドプラザ」を整備し、それをにぎわいの核とした。それ以外にも、環状線の近くを中心に、民間による再開発事業も進めている。

もちろん、ソフト施策もある。六五歳以上の高齢者を対象に、市内各地から中心市街地に来る際の公共交通利用料金を一乗車一〇〇円にしている。「おでかけ定期券」と呼ばれているこのシステムは、高齢者の四人に一人が持つほどの人気となっている。

これらの効果から、空き店舗は確実に減少している。地価もほぼ横ばいとなっており、地方都市には珍しく中古マンション価格は上昇傾向にある。中心市街地にかぎれば、二〇〇八年から転入者が転出者を上回る社会増に転じているし、推進地区でも転出超過が減ってきた。

スーパーや福祉施設、病院、学校などが多い市街地に多くの人が住めば、買い物難民や公共施設の統廃合など、行政が直面する課題への対応もしやすくなる。この点について、森市長が指摘してくれた。

「中心部での税収がないと、中山間地域や農村部の振興策の予算も出ない。市街地の強化が市域全体の生き残りにつながる」

コンパクトシティーを導入するために市民や議会を説得するためには、市中心部と周辺部との不公平感を払拭する論理が重要となる。

更新コスト

富山市のような核となる公共交通機関がない場合、中小都市はどのようにしてコンパクトシティー化を進めていけばいいのだろうか。長野県小諸市（人口約四万人）の様子を見てみよう。

小諸市は、浅間山登山の玄関口となる観光の街だが、北陸新幹線の駅はない。並行在来線を引き継いだ「しなの鉄道」の小諸駅があるだけだ。駅近くにある市役所の建て替えにあわせて、小諸市は離れた場所にあった総合病院、図書館を一体整備し、地域の核をつくる計画を進めている。また、車を運転できない高齢者が増える

小諸市役所の建て替え工事の様子

ことを想定して、歩いて暮らせるまちづくりも目指している。国からは、温暖化対策にも役立つとして補助を受けている。

「一体整備に反対があり、市長選の争点にもなったこともあった。下水道や道路などといったインフラ更新のコストは、まちなか居住によって削減できるはずだ」と、小諸市は考えている。ただ、これだけではコンパクトシティー化には不十分だ。事実、隣接する佐久市の北陸新幹線佐久平駅近くにある大型店舗に買い物に行く人が結構多い。それをふまえて、「小諸駅近くで何でも買えるようにする商店街の活性化や、市内の循環バスなど公共交通の充実も必要だ」と、小諸市の担当者は別の課題も挙げていた。

次から次に出てくる問題に対して迅速に対応しなければ自治体は生き残れない、という時代になってきた。縮小社会に向けた政策メニューを国は整えているのか、はなはだ疑問である。

人口の増加や地価の上昇に伴って、都市はこれまで郊外に向けて広がってきた。たとえば、地方圏の県庁所在地の人口は、一九七〇年からの二〇一〇年までの間に約二割増えている。同時期に、市街地の面積は二倍に広がっている。それが、三〇年後の二〇四〇年、人口は一九七〇年の水準まで戻ると推定されている。

市街地をうまく縮小しなければ空き家・空き地が増加し、駅前など中心市街地の空洞化は深刻な状態となる。人口密度が低くなればなるほど一人当たりの行政コストは大きくなるだけに、できるだけ既存市街地にまとまって住むことを自治体側が求めるのは当然である。もちろん、居住する地域を強制することはできない。中心部へ誘導するとともに、周辺部に住む人に対しては道路の除雪や舗装、ゴミ収集などの行政サービスについて、少し不便さを我慢してもらうということも起きるだろう。

ここで、国によるコンパクトシティー化の実施状況を見てみよう。商店街などの復活を目指す「中心市街地活性化法」に基づいて計画を作成したのは、富山市を含めて一一九市ある。「都市低炭素化促進法（エコまち法）」による計画も、二〇一四年一〇月末現在で、長野県小諸市など一六市区町が策定している。とはいえ、いずれも自治体内の一部地域を対象にした施策にすぎない（**表５－２**参照）。

都市のコンパクト化に向けた本格的な政策は、二〇一四年五月に成立した「改正都市再生特別措置法」が初めてと言える。市町村が都市機能と居住を誘導する区域を示したマスタープランを作成し、これに盛り込んだ事業を国が支援する内容となっている。言ってみれば、富山市の施策を国レベルに引き上げたかたちである。自治体の悩みにやっと国が追い付いた、というのが現状であろう。

表5−2　主な自治体のコンパクト化の取り組み

札幌市	既存の市街地や都市基盤を再生活用、市街地外の自然環境を保全する「持続可能なコンパクトシティへの最構築」を都市計画マスタープランで示す。
青森市	中心市街地の活性化や市街地拡大に伴う行政コストの増加に対応する。公共施設との複合施設を中心市街地に整備、郊外地域を保全し開発を抑制する。
水戸市	都市核と拠点間における機能連携ネットワークが構築された「多極ネットワーク型コンパクトシティ」を提唱する。
宇都宮市	環境対策や交通弱者への対応、中心市街地の活性化のため次世代型路面電車（LRT）の導入を計画している。巨額の公費負担に住民投票を求める声もある。
富山市	LRT を整備し、補助金を使って中心地域への居住を誘導している。先進都市として、経済協力開発機構（OECD）の報告書でも高く評価された。
長野県小諸市	現在の市庁舎敷地一帯に新庁舎、図書館、総合病院を整備する。商業施設、金融機関など日常生活に必要な機能を歩いて行ける範囲に集約する。
神戸市	阪神大震災を受け安心して住み続けるまちづくり施策として提言し、現在はスマートまちづくり、温暖化対策の観点から実施している。
広島県府中市	中心市街地の小中学校を統合、まちなかへの医療や福祉など公益施設、小売業や飲食業など商業施設の建築を補助金で支援している。
長崎県佐世保市	住民参加のイベントなどを通じて既存商店街を活性化し、中心市街地の空洞を食い止めている。
熊本市	公共交通の利便性が高い地域への居住機能誘導、中心市街地などへの都市機能集積、公共交通ネットワークの充実を盛り込んだ都市マスタープランを策定。

3 自治体連携

地方創生の総合戦略でも、地域間の連携による経済・生活圏の形成が提唱されている。その柱となっているのが、政府の進める「定住自立圏」と「連携中枢都市圏」だ。急速な人口減少に直面する地方自治体が、雇用の創出や経済活性化のため連携強化を図るという先駆的な取り組みを追った。

協定で担保

伊豆半島の最南端にある静岡県南伊豆町は、伊豆急線の下田駅からバスで三〇分ほど行った所にある漁業と農業の町だ。石廊崎の景勝地に行かれた人も多いだろう。この南伊豆町は、東京都杉並区の住民が入る特別養護老人ホーム（特養）の建設を受け入れた。町役場に近い中央公民館の跡地に整備する方針で、二〇一七年度の開所を目指している。

「急速に高齢者が増える杉並区は、特養建設の予算を節約でき

静岡県南伊豆町の中央公民館跡地

る利点がある。一方、南伊豆町も雇用先を確保できる。お互いにメリットがあるはずだ」と、南伊豆町の担当者が意義を強調していた。

特養の規模は約一〇〇床となっている。杉並区の高齢者が利用する分に加えて、地元南伊豆町などの負担で住民が入所したり、ショートステイしたりする機能も併設することで、地元住民の理解を得られると判断した。また、その期待も大きい。

「雇用は約七〇人と想定される。町の正職員が保育所も含めて一二五人ぐらいなので、町ではかなり大きな職場となる。これに、食材の購入などさまざまな経済効果も期待できる」と、町の担当者は説明する。とはいえ、課題もある。高齢者の受け入れによって、地元自治体の財政負担が増えないかが懸念されている。その理由は制度の不備にあった。

「施設に入っても、住所地特例によって、介護保険などの保険者は引き続き杉並区のままになる。ただ、国民健康保険に入っていて、七五歳で後期高齢者医療制度に切り替わるとき、保険者は地元の広域連合となって負担が新たに生じることになる」(同担当者)

後期高齢者医療制度を導入したとき、このようなタイプの移住があることを想定していなかったことによる不備というわけだ。

杉並区と南伊豆町は、切り替えても住所地特例が継続できるよう国に法改正を要望している。さらに協定を結ぶことで、地元に負担が生じないことを担保するという。

「多くの自治体から問い合わせがある。働く場所の確保策として、特養誘致に期待している自治体が多い証拠だ」と、南伊豆町は指摘している。しかし、現行の介護保険制度は、都道府県境を越えての特養整備は想定していない。にもかかわらず厚生労働省が容認したのは、四〇年にわたる交流という実績があったからだ。あくまでも「特例」の扱いという。

一方、山形県新庄市の隣にある舟形町も、小学校跡地の利用や雇用対策から、都市の高齢者受け入れを模索してきた。まだ認められていないが、「大都市部はベビーブーム世代が多く住み、急速に高齢化する。特養の整備がニーズに追い付かないのは明らかだ。何年か後には立ちゆかなくなる」と、先を見据えて誘致を続ける方針となっている。

CCRC（Continuing Care Retirement Community）

二〇一〇年からの一五年間で、七五歳以上の高齢者は全国で五三パーセント増え、二一七九万人に達すると言われている。実際に増加する人数は七五九万人で、そのうち、上位の都市部六都府県（東京、神奈川、大阪、埼玉、千葉、愛知）が半分程度を占めている。

ベビーブーム世代が多く住む都市部は、高齢化に伴って介護の需要が急増する。一方、過疎市町村や人口五万人以下の自治体では、人口減少に伴って高齢者の数は減少するか横ばいと想定されている。東京都杉並区が、区外の静岡県南伊豆町での特養整備を求めたのも、「区内では土地の値段が高く、用地の確保が難しい。特養の入所を待っている人の需要を賄えない」という深刻な事情があるからだ。

この高齢化の傾向は二〇四〇年ごろまで進む。このため都市部では、医療・介護サービスが大幅に不足する見通しとなっている。一方、高齢者の数が頭打ちから減少する地域も出てくる地方では、サービスが過剰になってしまう。つまり、特養などの施設に余裕が出てくると予想されているのだ。早く対策を打たなければ、地方の看護師や介護士が就職先を求めて都市部に移ることも考えられ、東京一極集中にさらに拍車をかける恐れがある。

地方の雇用を守るため、余裕がある地方の特養に都市部の高齢者が入所できる仕組みづくりを求める声は、二〇一四年七月に開かれた全国知事会議でもすでに出ていた。

若者の雇用先を確保する視点、また人口減少を緩和して地域を守る視点から高齢者の地方受け入れを制度化すべきである。大きな解決策としては、CCRCを使った地方移住が考えられる。CCRCとは、「健康なときから介護が必要になっても暮らし続けられる退職者のコミュニティー」という意味である。全米で二〇〇〇か所、約六〇万人の居住者がおり、約三兆円の市場規模があるという（三一、四八ページも参照）。

実は、東京都に住む五〇代の男性の半数以上、女性の三割が地方移住の意向があるという。人との交流や触れ合い、社会活動への参加を望んでのことだ。日本版CCRCのイメージとしては、以下の三つが挙げられる。
❶団地を再生して、多世帯が交流できる街づくり。
❷大学の近くに移住し、学生として学びながら留学生のホストファミリーを務める生活。
❸シニア向けの交流を重視した分譲マンションに入居する。

地方創生の総合戦略にも、日本版ＣＣＲＣの検討が盛り込まれている。一極集中の是正や介護を充実させる方策として、十分検討に値するものだ。高齢者の移住など、住まい方も含めたグランドデザインを早急につくるように求めたい。

多様な自治

杉並区と南伊豆町の関係は、いわば自治体同士の歴史的な交流の結果である。地域の経済や文化のつながりから、国が主導して連携を進める動きも強まっている。

総務省が実施している連携の施策が「定住自立圏」である。人口五万人程度以上の中心市と近接し、経済や社会などで密接な関係がある市町村で組織する。協定に基づいて、医療などを主として生活関連で連携している。二〇一五年一月現在、全国で八四の圏域があり、延べ四〇〇市町村が参加している。

青森県八戸市は、B級グルメの「せんべい汁」でも知られる人口二四万人の都市だ。周辺七町村と「八戸圏域」を形成しており、全国的にも早い二〇〇九年から定住自立圏としての活動をはじめている。各市町村が共同して、以下のことに取り組んでいる。

❶八戸市立市民病院から周辺病院へ医師を派遣する。
❷ドクターカーを共同で運行する。
❸バス料金の上限運賃を五〇〇円にして利用を増やし、公共交通を維持する。

各市町村が応分の負担をすることによって、一つの自治体ではできない救急医療の充実や地域活性化策を進められるという利点がある。八戸市は、その狙いを次のように説明してくれた。

「医療、福祉などの体制を維持し、何とか圏域からの人口の流出を抑えたい」


一方、企業誘致では自主的な動きも出ている。札幌市は、周辺市町での工場などの設備投資に対して五億円を限度に補助しているが、市町村の枠を超えた支援は全国的にも珍しいという。その狙いについて、札幌市の担当者が語ってくれた。

「複数の引き合いがある。札幌に住んで周辺自治体の工場で働く人も多く、職場の確保から補助を考えた」

少子高齢化、財政状況の悪化もあって、一つの自治体が介護などの住民サービスすべてを提供することは難しい。といっても、市町村合併には拒否感が強い。このため国は、二〇一四年五月に「地方自治法」を改正し、自治体同士で協約を結んで連携を進める制度を新しく導入した。その中心となるのが、三大都市圏以外で人口二〇万人以上などの要件を満たす「地方中枢拠点都市」である。現在、全国で六一市が要件を満たしているが、総合戦略ではこの圏域を「連携中枢都市圏」と呼んでいる。

改正地方自治法に基づいて、地方中枢拠点都市と周辺市町村、あるいは都道府県と市町村が連携協約を結び、高度医療や産業振興などの事務を行うことが可能となった。県境を越えた高齢者ビジネスの育成など、一一件のモデル事業を実施している。

一方、国土交通省は、「国土のグランドデザイン二〇五〇」で「高次地方都市連合」を提唱してきた。複数の地方都市が、高速道路などのネットワークを活用して約三〇万人の人口規模を確保し、都市機能を分担して連携するというものだ。全国で六〇～七〇か所程度を想定している。これも「連携中枢都市圏」に収斂され、新しい国土形成計画に反映させる予定となっている。

都道府県、市町村というかぎられた自治の制度ではなく、自治体が圏域を意識しながら、地域の抱える課題や目標ごとに支え合う多様な自治の取り組みがはじまっている。

4 暮らしを支える

地域コミュニティーを維持し、住民が都会に出ていくことをいかにして食い止めるのか。高齢化と過疎に悩む中山間地にある農山村では、暮らしを支える政策が重要になっている。地方創生の総合戦略でも「小さな拠点」の活用が提唱されており、すでにさまざまな取り組みがはじまっている。

生きがい

高知駅から北に車で約一時間、川沿いの細い道を行くと「汗見川ふれあいの郷　清流館」がある。廃校となった小学校を生かしたこの交流施設が、流域にある六つの集落を束ねる集落活動センター「汗見川」の拠点となっている。

「地域のみんなが集まる場所だ。住民参加の運動会や特産品づくり、防災の取り組みなど、ここでの活動に多くの人が生

集落活動センター「汗見川」

きがいを感じている」

このような言葉で、汗見川活性化推進委員会の山下文一会長が胸を張った。

高知県本山町、吉野川の上流にある汗見川流域は林業と農業が中心の山村である。すぐ隣には、「四国の水がめ」とも呼ばれている早明浦ダムもある。美しい渓流として知られていた汗見川では、一九七〇年代からゴミの不法投棄をなくそうと住民らが川の清掃をはじめた。その後、清流マラソン大会の開催、シソやソバを使った特産品の販売など、都市とのかかわりで地域経済の活性化を図ってきた。

一九九九年には、住民らが汗見川活性化推進委員会を設立している。小学校跡地の活用を提案し、二〇〇八年には「汗見川ふれあいの郷　清流館」としてオープンしたわけである。委員会は、その管理を本山町から委託されている。

「清流館には、年間一〇〇〇人前後が泊まっている。地域の食材を生かした食事の提供は当番制にしている。ご飯をつくるのが、高齢者世帯の楽しみの一つになっている」と、山下会長が説明してくれた。

こんな都市との交流が盛んな汗見川地域でさえ、林業の衰退によって、この三〇年で人口は半分以下の約二〇〇人に減り、六五歳以上の人の割合は約六割に達している。集落の活動だけでなく共同作業もできなくなる恐れも強まっており、地域崩壊の危機にある。これに対応するため高知県は、二〇一二年度から小さな拠点となる集落活動センターを県内の各地に設置している。自らの力で地域を守ろうとする組織の活動を後押しするためだ。

汗見川では、活性化推進委員会が活動センターの実施主体となっている。これに対して高知県は、本山町と協力して「ふるさと応援隊」一人を派遣し、事務局などの仕事を担わせている。もちろん、活動に必要となる経費も支援している。

推進委員会では、これまで特産品づくりや宿泊など収益を上げる経済活動を進めてきた。今後は、高齢者の買い物支援や見守りなど、一人でも生活できる態勢を整えることや、イノシシやシカなどの鳥獣被害対策ができないかについて検討している。

一方、四万十川の上流地域、愛媛県境に近い四万十市の大宮地区では、ガソリンスタンドの撤退話がもちあがった。これを契機に、「地域で必要なものは自分たちで守る」として、住民が出資して「大宮産業」を設立し、給油所や共同売店を経営している。こちらを支援するためにも活動センターが置かれている。

「経済活動の収益を生かし、地域サービスを進めてほしい。もし足りなければ、国や県、地元市町村が補助金や仕事の委託で支援する。Uターンしてきた若者らに雇用の場を提供することにもなる」と、高知県は説明している。一〇年間で一三〇か所の立ち上げを目指しているという。

発想の転換

二〇一五年二月、東京都内で「小規模多機能自治推進ネットワーク会議」の設立総会が開かれ、全国から約一四〇自治体が参加した。発起人代表の速水雄一島根県雲南市長は、「地方に求められるのは、自ら考え、行動することだ」と挨拶し、地域の取り組みの大切さを訴えた。この「小規模多機能自治」とは、おおむね小学校区を単位とした住民参加のまちづくり活動を指す新しい言葉である。雲南市は、その先進地の一つとなっている。

雲南市は、二〇〇四年に六町村が合併して誕生した街である。中山間地にある人口四万人の市で、市域の問題すべてを一つの役場で扱うのは難しい。そこで、「地域ができることは地域で」と発想を変えたわけである。

雲南市内に三〇ある交流センターごとに、町内会や消防団、営農組織、ＰＴＡなどが集まって「地域自主組織」をつくった。この自主組織は合議制で運営されており、カリスマ的なリーダーがいなくても「住民による自治」を可能にする仕組みとなっている。

自主組織は、平均して年間約八〇〇万円の交付金を雲南市から受け取っている。これを原資に、組織によって五～一五人を雇用している。年金生活者や専業主婦らを雇うので少ない額で済むわけだ。多くの組織が農村レストランなどの収益事業も実施しながら、高齢者の福祉や生活支援、産業おこしなどに取り組んでいる。

表5−3　暮らしを支える主な政策

小さな拠点	国土交通省は市町村にある「道の駅」の周りに診療所や介護施設、商店、金融機関など日常サービスを提供するイメージを提唱。高知県はコミュニティーを維持する機能やサービスについて、中心となる集落にもたせる「集落活動センター」を設置している。
小規模多機能自治	主に小学校区ごとにつくられた組織が、地域の課題に取り組む仕組み。総務省は「地域運営組織」と呼んでいる。小規模多機能自治では、島根県雲南市のほか三重県伊賀市、名張市、兵庫県朝来市が先進例としてある。

ちょっとユニークな活動もある。たとえば、雲南市の水道局からメーター検針を受託し、毎月、全世帯を訪問する際に高齢者に声掛けをしているのだ。いわば、地域の見回り活動の原資を水道局から得ているということになる。このほか、空き店舗を活用して週一回産直市場を開き、集まった高齢者の憩いの場としても活用している。

どのような活動をするかは、雲南市と協議して組織ごとに決めている。一律サービスが求められる行政とは異なり、自由な発想で自分たちの地域に必要な活動ができるのが強みとなっている（**表5−3**参照）。

法人格の付与

総務省と農水省が二〇一三年に実施した調査では、全国の市町村の四分の一が「暮らしを支える活動に取り組む組織がある」と回答している。さらに全国の八割の市町村が、人口減少や過疎の進展でこういった組織が今後必要になる、と答えている。

現在、実施している活動の内容では、高齢者の交流や声掛け・見守り、外出支援、弁当配達・配給食、買い物支援などが中心となっている。集落を維持し、人口の流出を防ぐには、これらサービスを強化する必要があると言える。ただ、行政が実施するとすれば平等性が重要となり、個別に地域の課題にこたえることは難しい。それゆえ、住民による組織がサービスを担うことが現実的な対応となるだろう。

この住民組織は、自ら収益事業を行ったり、行政から施設管理の委託費や交付金を受け取ったりする形で財源を確保する。また、必要な人材を雇用して取り組むことが共通パターンとなっている。加えて、活動を支援するための法人格の付与が重要となる。そうすれば、会社やＮＰＯ法人のように、委託契約や土地、施設の所有、寄付の受け付けも容易になるし、税制優遇を受けることも可能となる。ちなみに、小規模多機能自治推進ネットワーク会議は「スーパーコミュニティー法人」という新しい法人格の導入を提案している。その基本的な法人像として以下の三つを挙げている。

❶市長が認定することで地域代表となる。
❷公共的な地域活動、経済活動を運営できる。
❸自治体内の分権を前提に住民による自治を担う。

一方、経済産業省は「ローカルマネジメント（LM）法人」の検討を掲げて、「日本の『稼ぐ力』創出研究会」で議論している。路線バスやガソリンスタンド、小売り、介護、保育など、地域を支えるサービスを総合的に提供することを想定している。地方創生を進めるうえでも、コミュニティーに役立つ住民組織を対象にした法人格の検討を急ぐべきである。

5 公立大学の役割

若者の大都市への流出を食い止めることができないか。経済活性化に取り組めないか。地域の抱える課題を解決するシンクタンクとして、地方自治体が創設した公立大学が注目されている。これらの大学、地方創生でも重要な役割を担いそうだ。

押し売り

青函連絡船で知られた北海道の玄関口、函館市郊外の高台にある「公立はこだて未来大学」は、二〇〇〇年に開学した情報系（システム情報科学部）の単科大学である。吹き抜けの開放的なスペースをもつ、ガラス張りの校舎がシンボルとなっている。ここは、函館市、北斗市、七飯町による広域連合が設置した大学である。

「国立大は全国一律。公立大は『地域の知の核になる』『地域貢献する』とミッションも明快で、函館の問題に特化して対応すればよい。学習を通じて課題にも取り組める。これからは公立大の時代だ」と、人工知能が専門の中島秀之学長が力を込めた。

三年生が必修としているプロジェクト学習が貢献の核となっている。たとえば、北海道新幹線の駅ができる北斗市から、「ご当地キャラクターを一緒に考えて」という依頼を受けた。全国のキャラを分析し、ワークショップと市民投票で「ずーしほっきー」を誕生させた。

また、大規模病院での待ち時間を有効活用できるように、あとどれぐらいで診察が受けられるかを携帯電話でチェックするシステムを考案したほか、タクシーを乗り合いで使う公共交通システムも研究している。言ってみれば、ＩＴを使って課題の克服を図っているのだ。研究

開放的な公立はこだて未来大学

テーマは、学生が見つけたり、自治体や議員が持ち込んだりとさまざまである。「ITのプロとして何ができるのか。これからは積極的に押し売りしていきたい」と、中島学長は語っている。

大学設立による経済的な効果はどうだったのだろうか。現在、学生数は約一〇〇〇人いる。そのうち、地元函館圏の出身者は一～二割、残りは北海道内、東北を中心に全国から集まっている。だが、「就職は首都圏、札幌圏が中心で、函館は数えるほど。地元での起業も少ない」というのが函館市の分析である。

若者を増やす効果はあったが、定着は今ひとつといったところのようだ。受け皿がないために卒業生の流出が続いているわけだが、これに対して中島学長は次のように反論している。

「地元での就職が地域貢献とは考えない。毎年、函館シンパを首都圏に送り出す。そのうち、函館にサテライトオフィスをつくるといった新たな動きにつながるはずだ」

地域のプロ

福島県会津若松市にある会津大学は、一九九三年にオープンした日本初のコンピュータの専門大学である。四年制の大学がなかった会津地方に若者を呼び戻すために、県立大学として設置された。ご存じのように、会津若松市は会津藩の城下町として発展した街で、戊辰戦争でも知られている観光都市である。

「大学発のベンチャーも多く、ソフト産業全体で一時は四〇〇〇人近くの雇用があった」と、会津若松市は説明している。学生数は、学部だけで一〇〇〇人を超え、市職員数より多くなっている。もちろん、それが理由で地域に活気をもたらしている。

地域貢献についてはどうだろうか。福島県が次のように解説してくれた。

「県職員を事務局に派遣している。大学と行政の垣根はなく、自由に意見交換ができ、国立大学より一体感がある。ともに協力して、東日本大震災からの復興に取り組んでいる」

二〇一三年には「復興支援センター」が設立された。ここでは、先端的な情報通信技術（ICT）を研究している。これにより、関連企業を集積し、県内で五〇〇人の新規雇用の創出を計画している。IT分野で経済活性化の中核を担っていると言える。

一方、島根県は国内でもいち早く急速な人口減少と高齢化に直面してきた。経済成長を前提にしたこれまでの学問では解決策が見いだせないことも分かってきた。行政、大学が協力してこの新しい事態に対応するために島根県立大学は、二〇〇七年に「地域連携推進センター」を設置した。大学をシンクタンクとして活用するのが狙いとなっている。

島根県とは定期的に会議を開いており、地元の浜田市や益田市とは共同研究の協定を結んでいる。これまで、中心商店街活性化による商業の振興、地元の食を再考（再興）するプロジェクト（以上浜田市）、石見空港の利活用（益田市）などを検討してきた。

表5−4　地方創生で注目される公立大学の主な取り組み

札幌医科大	留萌市などと連携、学生が地域医療機関で実宿し地域を知る。
公立はこだて未来大	学生のプロジェクト学習で地域の課題をITなどを活用して解決する。
岩手県立大	滝沢市のイノベーションパークで企業と共同研究、高度技術者を養成する。
国際教養大	ジェトロ秋田と共同で海外市場開拓に取り組む企業をコンサルする。
会津大	大学発ベンチャー認定制度で起業を支援する。
前橋工科大	前橋市と協定、教員と地元企業が共同研究を行う。
山梨県立大	地場産業、伝統産業と現代的なクラフトとのコラボで製品開発の支援をしている。
新潟県立大	就職キャリア支援課で県内就職率向上を目指し、学生をサポートする。
静岡県立大	近在の文化施設と連携し、地域の文化拠点を目指す。
大阪市立大	大学生が中心に「コミュニティ防災教育プログラム」を展開している。
島根県立大	地域のプロを育てる「しまね地域マイスター認定制度」を新設した。
広島市立大	島根県美郷町連合自治協議会などと連携し、ホンモロコ養殖を実施している。
香川県立保健医療大	高松市の高齢化した一戸建て団地で安心して暮らせるコミュニティーづくりのモデルを作成する。
高知工科大	鮮度保持流通システムを使った鮮魚ブランド商品を開発している。
北九州市立大	地域創生学群で街づくりや福祉、農村交流などに取り組んでいる。

さらに、新しいカリキュラム「しまね地域マイスター認定制度」を二〇一五年四月からスタートさせた。学生は文化の継承や交流人口の増加、観光開発、新商品・サービスの開発など地元の課題について、フィールドワークを通じて四年間向き合うことになる。修了すれば「マイスター」として認められる制度で、言ってみれば「地域のプロ」をつくるコースとなっている。

センター長の林秀司さんは、「過疎先進地に生きる大学として、専門性、実践力をもつ学生を育てたい」と話してくれた。修了後、自治体職員などとして残れば即戦力となるだけに、人材づくりとともに地域貢献を目指す取り組みと言える（**表5-4**参照）。

奨学金優遇

全国の公立大学の数は、一九八九年度の三九校（学生数六万人）から、二〇一四年度には八六校（同一四万人）と二倍となっている。この数は国立大学と同じで、その大きな目的は若者の流出防止だと言える。

地方から東京などの大都市に若者が出ていくのは、大学への入学と卒業という二つのタイミングがある。一八歳人口を地域内の大学でどれだけ収容できるのかを都道府県ごとに比べると、大学の多い京都や東京の収容枠は人口よりも多くなっている。一方、長野県や福島県など多くの地方の収容枠は、一八歳人口の一割台か二割台にとどまっている。つまり、地元での進学機会に大きな地域差があるということだ。この状況を改善するために長野県は、「県内に進学したいという高校生に新たな選択肢を提供する」として、県立大学を開学する方針を打ち出した。

ただ、地元の大学に入学したとしても、就職先がないと卒業時には都会に出ていってしまうことになる。これらの対応策として、地方創生の総合戦略には「地方大学への進学、都市部の大学から地方企業への就職を促進する奨学金の創設」が盛り込まれている。香川県が実施しているような、地元企業に就職すれば奨学金を優遇する仕組みを想定しているわけだ。大学と地元自治体、経済界が一体となって、中小も含めた地元企業を就職先として選ぶ環境づくりが待たれる。流出防止には知恵が必要だ、ということである。

6 NPOの役割

地元の資源を生かしたり、若い人を呼び込んだりと、これまで述べてきたようにさまざまな地方創生策が進んでいる。その主体として、行政や企業ではなく、市民団体やＮＰＯ法人の役割が重要になっている。それらの取り組み状況を追ってみた。

ブランド化

「お客さんを呼ぶ提案をホテルや旅館にする仕事をしていた。ところが、料理に使う農産物の多くは、安定供給を理由に地元産ではなく、域外から買ったものだった。地元の良さを観光客に伝えるためには、生産者と料理人らを結び付けて、地産地消を進めるべきだと気付いた」

福島県会津若松市にあるＮＰＯ法人「素材広場」[1]の理事長横田純子さんが、力を込めて語ってくれた。

「素材広場」は、農家やホテルを会員にして二〇〇五年から活動している。その活動内容の一例として、奥会津「日本ミツバチヌーボー」の開催がある。年一回しか収穫できない在来種のハチミツにほれ込んだシェフの料理を、ホテルで楽しむというイベントだ。言うまでもなく、販路拡大と在来種の

（１）所在地：福島県会津若松市千石町３－43　事務センター：〒965－0009　会津若松市八角町13－45　TEL：0242－85－6571

商品の相談に乗る横田純子さん（左）

保護にもつながっている。また、「会津・麗の食スタイル」は、地元食材を使った料理を会津漆器に盛り付けて出すというものである。市内の飲食店が参加しており、徹底的に地元にこだわるという姿勢がうかがえる。

ハチミツを使った酒「ミード」を造った地元の養蜂会社に「ハニー松本」がある。新開発のノンアルコール蜜酒の販売や、広報の戦略を練っている。そのスタンスとして、「常に生産者の思いを伝える言葉を探している」と横田さんは言ったあと、次のような信念を紹介してくれた。

「民間企業ではなく営利をあまり考えないＮＰＯ法人なので、行政やホテルとも密接な関係をつくりやすい。地元素材の良さを認知してもらってブランド化することが、農家、観光業の生き残りにつながる」

創造的過疎

徳島県の山村、神山町にはＩＴ系企業などがサテライトオフィスを置いており、全国的に注目されている。開設企業は一〇社を超え、移住者はこの七年間で約一二〇人に上っている。人口減少が続くなか、最近は転出より移り住む人が多い「転入増」を記録した年もあるほどの人気となっている。神山町の担当者が背景を説明してくれた。

「平成の大合併では、隣接する徳島市や石井町に合併を申し入れたが断られた。自立するしかなく、『無駄な投資はしない』というのが方針だった」

手厚い助成もないのに、なぜ多くの企業に人気なのだろうか。

「インターネット環境の良さと、NPOの存在が大きい」と、担当者は打ち明けた。ネット環境は、二〇一一年の地上デジタル放送への完全移行を前に、総務省の補助金を徳島県が使って整備された。県内に光ファイバー網を整備して、テレビを見られない地域をなくすためだった。その副産物として、ネット環境の良さが生まれた。

この地のNPO法人というのは「グリーンバレー」(2)のことである。小学校のPTA会長経験者らが子どもたちと一緒に楽しもうとつくった組織が母体となっている。神山町を一度離れたあと、家業を継ぐために戻った人たちが中心となっている。設立のきっかけについて、NPO法人グリーンバレーの岩丸潔理事が最近の状況を説明してくれた。

「NPOのウェブサイト『イン神山』を見た社長から『オフィスに使える空き家を紹介して』と話があった。まとまると、口コミやメディアの紹介もあってどんどん増えていった」

紹介する際には、NPOらしいきめ細やかな対応がある。お試しで二〜三週間住んで地元の人

(2)　〒771-3310　徳島県名西郡神山町神領字中津132　TEL：088-676-1177

と交流したり、移住者のネットワークをつくって生活や仕事の手助けをするなどである。この結果、移住してからの定着率も高くなっている。

また、イベント開催などを経験して就職に役立てる「神山塾」というのも開いている。厚生労働省認定の求職者支援訓練の一環である。この塾を経験した若者が、人の温かさに魅せられてそのまま残るという例も多いという。

だが、移住は一時のブームで終わらないのだろうか。岩丸さんに尋ねると、笑って次のように答えてくれた。

「人口減少は止められないが、外部から人材を呼び込み、多様な働く場をつくる創造的な過疎はできる。次は、移住者が地域づくりの主役になってくれる」

神山町のサテライトオフィス

解決力

　松江市にあるＮＰＯ法人「しまね未来創造」[3]は、島根県内の大学に通う学生に対する就職支援のため、地元企業が中心になって二〇一二年に設立された。島根県内の大学生の地元企業への就職率は三割未満しかない。入社したとしても、三年以内に四割近くが離職するという現状がある。「この状況を改善しなければ、県内企業は続かない」と、事務局長の佐藤夏雄さんは危機感を募らせてきた。これが、ＮＰＯ法人の設立につながった。

　地元の中小企業は、大手の就職情報サイトに載っていないケースも多い。「まず、地元企業のよさを知ってもらうことが第一だ」として、県内の国公立大学や大阪府吹田市にある島根出身者向けの学生寮で、経営者らの話を聞く機会をつくっている。

　一方、離職者対策としては、大学生や若手社員、経営者らが集まって意見交換する場を定期的に開いている。何と言っても、「就職した若者が孤立しないことが大切だ」という。高校、大学の卒業を契機に、若者が流出することに悩む自治体は結構多い。島根県の学生への支援は、他県からも注目されている（**表5－5**参照）。

　これらＮＰＯの活動に詳しい「人と組織と地球のための国際研究所」の代表である川北秀人さ[4]

（3）　住所：〒690−0824 島根県松江市菅田町１８０番地　TEL・FAX：0852−24−8101

表5−5　地方創生に関連するNPOの主な活動

北海道	北海道グリーンファンド	市民出資による風力発電装置「市民風車」を建設した。
福島	素材広場	ホテルと生産者を結び付けて地産地消を促進し、観光を振興する。
東京	ETIC.（エティック）	社会的課題を起業で解決しようとする若者を支援し、被災地にも若者を派遣。
東京	離島経済新聞社	有人離島専門のタブロイド紙を発行。
長野	南信州おひさま進歩	市民寄付で太陽光発電施設を設置し、環境学習に取り組んでいる。
島根	しまね未来創造	県内の大学に通う学生の就職を支援する。
徳島	グリーンバレー	空き家をサテライトオフィスとして紹介。
愛媛	シクロツーリズムしまなみ	本四架橋尾道今治ルートを舞台に自転車を生かした観光振興を提案している。
沖縄	食の風	地域食材を利用した新しい料理の開発や食育の推進を行っている。

んは、ＮＰＯ法人の活動を評価する一方で、「行政からの支援などお金がないと動かない組織も増えてきた」と言い、そのうえで「今後はＮＰＯがしたいことではなく、地域で求められることをどう実現するのか、解決力が問われる時代になった」と指摘している。

地域の抱える課題の解決について、ＮＰＯ法人の果たす役割は大きくなってきた。行政機関のように公平な対応を求められることも少なく、企業のように利益を追求することもあまり必要のない、比較的自由に取り組めるよさがあるからだ。とはいえ、これまでの活動は「カリスマリーダー」と呼ばれる人が引っ張ることで成立してきた例が多い。このままでは、カリスマがいない地域ではＮＰＯによる地方創生などが進まないという事態になる恐れもある。

行政は、ＮＰＯの支援と同時に、若者が積極的に参加できる仕組みもあわせて考えるべきである。地方創生の取り組みを活発化させるためには、人材の確保や育成の視点も忘れてはいけない。

7 産業観光

観光客を引き付けるのは、神社や仏閣、大自然、テーマパーク、グルメだけでは決してない。魅力あるコンテンツとして、今「産業」が注目されている。事実、「産業観光」という呼び名も市民権を得たと言える。いったい、どのように育っているのだろうか。

（4）一九六四年生まれ。京都大学を卒業後、（株）リクルートに入社。一九九一年に退職後、国際青年交流ＮＧＯ「オペレーション・ローリー・ジャパン」の代表や国会議員の政策担当秘書などを務め、一九九四年に「人と組織と地球のための国際研究所」（ＩＩＨＯＥ）を設立。ＮＰＯや社会責任・貢献志向の企業のマネジメント、環境・社会コミュニケーションの推進を支援している。

逆転の発想

兵庫県姫路市のシンボルは、優美な白壁の姿から「白鷺城」と呼ばれる世界遺産の姫路城である。その天守閣が、約五〇年ぶりとなる「平成の修理」で素屋根と呼ばれる建物に覆われ、外から一時見ることができなくなった。これによって、観光客が大幅に減るという危機感が募った。そんなとき、姫路市の担当者から「修理の現場を常時見せる。毎日変わる状況に興味をもち、繰り返し来る人もいるはずだ」という逆転の発想が出てきた。

修理は、二〇〇九年の秋から約五年間にわたって行われた。このうち、素屋根の建設、解体の期間を除いた三年間は、素屋根の七、八階部分に設けた見学スペースからガラス越しに修理の様子を体感できるということになった。

すべてを解体修理した「昭和の大修理」よりは小規模であったが、屋根瓦八万枚を外して屋根を修理したあとに瓦を葺き替えたり、白い漆喰で固めるといった作業が中心となった。「注目されることで職人への励みになる。次の修理に向け、瓦などの伝統産業を守ることにもつながる」と、先の担当者は語った。

公開の結果は「吉」と出た。姫路城を訪れる観光客は年間七〇万～一〇〇万人で推移していた。修理直前には一五六万人に急増したのだが、二〇一〇年度の見られなかった時期に限定すると二九万人に激減したという。それが、公開した二〇一一年度には六一万人まで回復したのだ。

「二〇一二年度はこれを上回った。入館料収入などで、見学施設の事業費一億二〇〇〇万円は賄える。人が来る波及効果を考えれば成功だ。瓦や仏壇など地場産業ツアーも検討している」という担当者の言葉に、姫路市の産業観光への夢は広がる。ご存じのように、姫路城は二〇一五年三月に平成の修理が終わり、天守閣にも再び登れるようになった。

場所を関西から関東に移そう。京浜工業地帯にある「公害の街」として知られた川崎市も観光都市に「名乗り」を上げている。話題になっているのは「工場夜景」だ。点滅する光と炎は、刻々と表情を変えていく。この夜景を扱う写真集『工場萌え』（大山顕著、石井哲写真、東京書籍、二〇〇七年）が出たこともあり、ここ数年、静かなブームになっていた。

これに目を付けた川崎市は、陸側からバス、海側から船によるモニターツアーを実施した。その結果を受けて、

修理中の姫路城の天守閣

二〇一〇年からは民間ツアーもはじまっている。市は「工場夜景ナビゲーター」と名付けた観光ガイドも育成し、年間六〇〇〇人が訪れるまでに育っている。

「次は、地元で食事や宿泊してほしい。何か名物が必要だ」と、川崎市は意気込んでいる。ただ、観光客が工場内に入ることには「安全上の問題もあり、企業側も慎重だ」と述べている。受け入れの環境整備をすることが次の課題となっているようだ。

非日常

「一九七〇年代からCSR（企業の社会的な責任）を意識し、工場施設を公開するという企業の活動は多かった。今は、見せることを一つの観光事業として捉えはじめた。新しい段階に入った」と語ったのは、産業観光に詳しい日本観光振興協会の丁野朗総合研究所長である。

その代表例が、年間約五〇万人が訪れている「うなぎパイファクトリー」（浜松市）や「タオル美術館ICHIHIRO」（愛媛県今治市）である。製造工程の一番面白いところを公開することによって、製品への興味を高めてもらい、購入につなげようという発想である。

地場産業を見せる活動は、群馬県桐生市の織物、埼玉県川口市の鋳物など各地で広がっている。川崎市のような夜景ツアーは多くの工業都市が実施しているし、横浜赤レンガ倉庫（横浜市）、富岡製糸場（群馬県富岡市）など産業遺産を使った観光もかなり増えている（**表5－6参照**）。

表５−６　産業観光の取り組みが進む主な地域

北海道函館市	歴史遺産の赤レンガ倉庫群をショッピングモールなどに活用する。
秋田県小坂町	盛んな金属リサイクル産業を紹介する施設見学ツアーを実施している。
山形県酒田市	現役の米倉庫である「山居倉庫」をシンボルに歴史、文化、食をPRする。
栃木県益子町	陶器の産地として「土」に着目、文化芸術イベントなどを開催する。
群馬県桐生市	のこぎり型屋根の織物工場をアトリエなどに活用、町並みも保存している。
東京都大田区	「おおたオープンファクトリー」として工場見学、体験プログラムを実施する。
川崎市	工場夜景や製造現場、企業ミュージアムが人気。産業観光検定も実施した。
石川県小松市	「コマツ」創業を生かし、「乗りもののまち」をテーマに情報発信、誘客を促進する。
岐阜県大垣市	食、住まいをテーマに地場産業ツアーを実施している。
浜松市	車、楽器、オートバイなどの産業を生かして観光客を誘致している。
兵庫県姫路市	姫路城天守閣の修理を公開し、城を支える地場産業も観光客を受け入れた。
朝来市	近代化産業遺産の生野鉱山を観光事業化している。
山口県宇部市、美祢市、山陽小野田市	「セメントの道」など地域お産業を見学する産業観光バスツアーが人気となっている。
熊本県天草市	陶磁器の原料となる「天草陶石」の産地としてアートを活用した街づくりを推進する。

※全国産業観光推進協議会の「産業観光まちづくり大賞」で金賞、銀賞の受賞地域。

これらの状況について、丁野所長が次のように解説してくれた。
「観光の原点は非日常にある。産業に人気があるのは、モノづくりが日常ではない現代を象徴している。多様な人の興味を満たすためには、地元の取り組みが重要になる」

オンリーワン資源の活用

産業観光についての経済産業省のアンケート結果によると、横浜赤レンガ倉庫のような産業遺産を生かした大型商業施設も含めて、全国で約一二〇〇の施設に年間七一〇〇万人が訪れているという。観光形態の一つとして定着した、と評価できるだろう。

施設公開による収益の状況でも、一割超の企業が、公開に要する費用と同程度か上回る収益を上げていると回答している。とくに「飲食料品、繊維工業」の企業では、その割合が三割近くに達している。

企業が施設を公開するのは、製品をアピールしてブランド力を高めるという狙いもある。それだけに、半数近くは外国語表記のパンフレットや専任スタッフを置くなど、外国人の受け入れ態勢も整備している。

地場産業や産業遺産など、その地域のオンリーワン資源を活用した観光は、地元の自治体や商工会議所などが主導して進めている。世界遺産のような有名な施設を別にすると、知名度や収容能力の関係から、大型バスで乗り付けるといった大手旅行会社によるマス観光には向かないからである。その半面、訪れる人の数が少なくても、地元の交通機関や宿泊施設を使って土産を買ってもらえれば収益を上げることも十分に期待できる。

事業化し、安定して収益を上げるためには、体験や学びなども含めたコンテンツを開発し、産業観光地として名前を知られることが重要となる。さらに、地元で中心となって取り組む人材の育成、リピーターを囲い込むための新しい楽しみを継続的に打ち出すなど、地域による地道な活動が不可欠となる。

8 スポーツ観光

「国内外のスポーツイベントを招致し、地域経済の活性化を」というスローガンのもと、これに専念する「スポーツコミッション」を設立する自治体が増えてきた。世界最高峰の自転車ロードレースである「ツール・ド・フランス」の名を冠した国際大会を開いたさいたま市と、Jリーグのキャンプ誘致に動く沖縄県を中心に、それぞれの取り組みを紹介していこう。

専門組織

ツール・ド・フランスで活躍した選手たちが市街地を走り抜ける。沿道を埋め尽くす人々はそのスピードに圧倒された。二〇一三年一〇月、さいたま市の新都心エリアの周回コースで開催した自転車レース大会「クリテリウム」の光景である。

「観戦者は二〇万人。宿泊や飲食などによる経済波及効果は三〇億円あった」と「さいたまスポーツコミッション」の担当者が話していた。総事業費五億三〇〇〇万円のうち、市の支出は約二億円だった。スポーツコミッションという専門組織の有効性が証明され、注目を集めるきっかけとなったわけだが、なぜ日本、しかもさいたま市で開催されたのだろうか。

「ツール・ド・フランスがはじまって二〇一三年が一〇〇回目となる。ツール主催会社が、これを記念して欧州以外で何か大会を開きたいと考えている――という情報を前年に得た。最後は、市長がフランスに行き、主催会社の社長とトップ会談をして決めた」と、担当者は振り返った。言ってみれば、情報収集と素早い意思決定が奏功したわけである。

さいたま市は、二〇一一年一〇月に経済や観光、スポーツ団体と連携するコミッションを設立した。東北や上越、北陸の各新幹線の駅がある交通の便利さに加えて、四市が合併した経緯から豊富なスポーツ施設を生かして、個性ある街づくりを進めるための施策であった。ちなみに、クリテリウムはその後も毎年実施されている。

表5−7　スポーツコミッションなどの設立状況

岩手	はなまきスポーツコンベンションビューロー（2011年2月）
埼玉	さいたまスポーツコミッション（2011年10月）
新潟	新潟市文化・スポーツコミッション（2013年10月） 十日町市スポーツコミッション（2013年5月）
長野	松本スポーツコミッション（2013年4月）
静岡	ふじさんスポーツコミッション協会（2013年4月） 静岡県東部地域スポーツ産業振興協議会（2014年1月）
愛知	あいちスポーツコミッション（2015年4月）
大阪	スポーツコミッション関西（2012年4月）
和歌山	上富田町スポーツ観光推進協議会（2013年7月）
佐賀	佐賀県スポーツコミッション（2013年4月）
沖縄	スポーツコミッション沖縄（2015年4月）

＊観光庁調べ。

「今後は、ママさんバレーやバスケットといった大人の大会の誘致に力を入れていく。お土産を多く買ってくれるから」と、担当者が笑いながら今後の抱負を述べてくれた。

この成功に倣って新潟市は、「文化・スポーツコミッション」を創設した。「開催支援の補助金も充実させた。宿泊や観光の交流人口を増やすため、首都圏へ毎月セールスに行っている」と語る担当者には、二〇二〇年の東京オリンピック・パラリンピックに向けて「参加国のキャンプ地を誘致できれば」という思惑もある。

ユニークなのが、関西経済同友会の主導で二〇一二年四月に立ち上げた

「スポーツコミッション関西」だ。スポーツ用品メーカーも多く、スポーツを核にした産業の活性化やニュービジネスの創出を目指しており、「スポーツ＋（プラス）」が合言葉となっている。自治体と協力した結果、参加型の生涯スポーツの世界大会「ワールドマスターズゲームズ」がオリンピック後の二〇二一年に関西で行われることになった。

「参加人員は、オリンピックの二倍以上となる五万人だ。選手として来る中高年の宿泊や飲食などの経済効果は一四〇億円という試算もある」と、関西の担当者が説明してくれた。また、「高齢化はアジア各国でも進む。これを契機に、マスターズの聖地として売り出すため、アジア地区の大会をその前に開きたい」と、スポーツを軸にした戦略を練っているところである（**表5－7**参照）。

実動部隊

「日本のプロチームがキャンプ地に選べば、海外のチームやアマチュアの合宿が続く」とこれまでの経験を語るのは、スポーツアイランドを掲げる沖縄県スポーツ振興課だ。二〇一〇年度に策定したスポーツツーリズム推進戦略では、冬の暖かさを生かしたキャンプ誘致を目標に掲げている。

沖縄では、球場をもつ市町村がプロ野球の春季キャンプを誘致してきた。「二〇一四年は日韓で一六チームが来た。野球ファンなどの観光客は五万人以上、経済効果は九〇億円近い。サッカーや陸上競技でも同じような成果を上げたい」と、担当者は意気込んでいる。

その狙いについて、沖縄県の担当者は次のように解説している。

「繁忙期と閑散期の観光客数の差は、月で一五万～二〇万人もある。これを縮小すれば観光産業の正社員が増える」

二〇一〇年度からはＪリーグのキャンプ招致事業を開始したが、当初はあまり芳しい状況ではなかったようだ。

「最初は増えたが、芝の質の悪さから、怪我を心配して撤退するチームが相次いだ。芝を改善する専門職員を養成した結果、今年は韓国、台湾も含めて一四チームが来た。チーム同士の口コミが決め手だ」と、担当者は振り返った。

こんな状況を踏まえて、二〇一五年四月には「スポーツコミッション沖縄」を立ち上げている。その意気込みを同担当者は次のように語っている。

「競技団体だけだとホテルや会場の手配などをする人が少なく、大会や合宿の招致に二の足を踏む。実動部隊をつくり、チャンスを逃さないようにしたい」

9 外国人観光客

海外から日本に来た旅行者は、二〇一三年、初めて一〇〇〇万人を突破した。それに乗じて、東京オリンピック・パラリンピックが開かれる二〇二〇年には二〇〇〇万人を目指す行動計画を政府が策定した。ただ、観光客も東京一極集中が懸念されており、東京―大阪を結ぶ「ゴールデンルート」以外の「新ルートの開拓を」が合言葉となっている。

ここでは、「冬の雪」と「夏のすがすがしい気候」を独自に売り込んで人気となった北海道などの取り組みを紹介していく。

アジア唯一

「北海道に来る外国人を、二〇一七年度は一二〇万人以上、旅行者・宿泊客数は全国シェアの一〇パーセント」というのが、北海道が掲げる目標である。

二〇一三年は初めて一〇〇万人を突破し、全国の一割を占めた。台湾、韓国、中国など東アジアの旅行者が中心となっている。一九九七年度の一二万人に比べれば大幅な伸びとなっている。

その理由を、北海道の担当者は次のように説明してくれた。

「一九九七年度から、台湾や香港、中国、シンガポールなどの衛星テレビで『北海道アワー』を放送し、注目を集めた。映画やドラマの舞台になったことも大きい」

また最近は、「雪と明瞭な四季から、アジアで唯一の場所とする北海道ブランドを確立することができた。文化や歴史を強調する他地域との違いを出している」としている。

とはいえ、課題も見えてきた。冬は札幌の「雪まつり」、夏は富良野の「ラベンダー」というように観光客が来る時期や場所が集中していることだ。北海道は、「貸し切りバスやホテルを確保できないことも課題となっており、分散を図る必要がある」と話している。そして、観光の通年化を図るために、以下の三つの対策を挙げている。

❶四月に学校の長期休みがあるタイ、一二月のクリスマス休暇が長いシンガポールなどに積極的に売り込む。
❷個人旅行者向けのサイクリングやトレッキングツアーなどを充実させる。
❸アジア人向けのスキー教室など、食や温泉以外の新しい魅力をつくる。

さらに、海外の格安航空会社（ＬＣＣ）やチャーター便が地方空港に来る場合、出入国管理や税関を担当する国の職員が足りないためにスムーズな対応ができないという恐れもある。それについて北海道は、「地方公務員を活用するなど、柔軟な対応を検討してほしい」と提案している。

富裕層

北アルプスの立山黒部アルペンルートも集中の悩みを抱えている。それゆえ、分散を目指して富山県も意気込んでいる。「日本人旅行者が減ってきたこともあり、台湾を中心に売り込んできた。四～六月の雪の大谷（室堂付近）が人気となり、ほぼ満杯という状態になっている。紅葉や冬の食といった他の魅力も今後は売り込みたい」

一方、大阪―福岡までの「新ゴールデンルート」の中間にある広島はどうだろうか。世界遺産の原爆ドームや厳島神社が人気となっており、他の地域に比べてアメリカやオーストラリアなどからの旅行者が多い。

広島市は、「原爆被害を受けた平和都市に対する関心が高い。数の上乗せより満足度の向上を目指す」として、外国人向けの無料公衆無線ＬＡＮサービスを二〇一三年八月からはじめた。また、飲食店やホテルなどを街角観光案内所として三二施設認定（二〇一四年五月末現在）したほか、広島駅に

安芸の宮島を楽しむ外国人観光客

はボランティアガイドを配置している。

その一方で、「量から質への転換」を目指しているのが京都市だ。国内外からの観光客は、二〇〇八年、目標よりも二年早く五〇〇〇万人を達成した。次に目指すのが、富裕層の取り込みによる京都ブランドの浸透である。

「富裕層向けの旅行商談会を開き、寺社の境内にある普段は見られない場所も案内している。欧米や中国、アラブ首長国連邦などの企業に委託し情報を発信している」と担当者は話しているが、その効果はこれからというところだ。

人口減少のなかで、国際観光は「伸び」が期待できる数少ない分野である。地域の雇用を守るためにも、旅行者の期待を上手に読み取りながら、満足度を上げる取り組みが待たれる。

ルート開発

前述したように、近年、日本を訪れる外国人が急増している。二〇一四年は約三割も増え、一三四一万人に達した。急増している要因として、円安で日本に来る割安感が広がったことがあるが、それに加えて、アジア地域での所得が伸び、中間層が増えて海外旅行ブームが起きているということが挙げられる。

タイ、マレーシアなど東南アジアから来る人の観光ビザの緩和、消費税免税品目の対象拡大など政策の効果もあったと言える。訪日客が旅行で使った一人当たりの金額は、二〇一三年に比べて一一パーセント増えている。また、消費総額は四三パーセント増の二兆円を超え、いずれも過去最高となった。この事実を踏まえて、外国人旅行者への依存を強めている店舗も増えているという。

日本国内での旅行消費額（二〇一二年）は総額二二兆五〇〇〇億円となっているが、そのうち訪日外国人旅行者は五・七パーセントの一兆三〇〇〇億円を占めている。ここ数年を見ると、日本人の国内旅行の消費額は減る一方なのに対して、外国人旅行者は着実に伸びている。それを証明するように、二〇一四年四月には、外国人が日本で使った額と日本人が海外で支払った額を比べる旅行収支が四四年ぶりの黒字となった。

今後も、東アジア、東南アジアでは経済成長に伴って海外旅行をする人が増え、年平均五パーセント台で国際観光客数が増加すると予想されている。この伸びを、日本そして東京以外の地域にどう呼び込むかが大きな課題となる。

外国人が訪れるきっかけはさまざまである。海外のテレビや映画、旅行雑誌などに紹介されたり、世界遺産登録で知名度が上がったりすることも多い。また、企業の報奨旅行先に選ばれたり、インターネットへの投稿がきっかけで人気を集めたりするといったケースもある。

そんななか、中部地方では能登半島を竜の頭に見立てた「昇竜道」という中部を縦断する観光ルートの開発を進めているし、中国・四国地方では瀬戸内海クルーズという試みも考えられている。いずれにしろ、二〇二〇年に東京オリンピック・パラリンピックが開かれるだけに、日本への注目度は今後も上がり続けるだろう。オリンピック開催に向け、北海道は台湾や東南アジア、九州は韓国といったこれまでのつながりを生かしながら、ブロック単位で自治体が連携し、戦略的に取り組むことが重要となる。

10　自治体アピール

イメージをアップして観光客を呼び込むことも地方自治体の大きな仕事である。グルメやゆるキャラを使った宣伝だけではなく、最近は自治体名を「変える」県まで現れている。これらのアピールは奏功するのだろうか。

頼みの綱

「うどん県に改名」と、副知事役の俳優である要潤さんが額に入った新県名を示す映像は、年号が昭和から平成になったときの小渕恵三官房長官を意識したという。しかし、このインパクトのある映像が香川県の観光に役立った。

「全国の知名度ランキングで最下位もあったぐらい。一方、讃岐うどんは全国区でチェーン店もできてきた。首都圏から旅行客を呼び込むには、うどんが頼みの綱となっている」と、香川県の担当者は打ち明けてくれた。

二～三分の映像を使った観光ＰＲは、二〇一一年一〇月にスタートした。テレビのコマーシャルではなく、インターネットのホームページ、羽田空港や東京メトロなど、首都圏の公共交通機関の映像広告を中心にして展開された。その制作や広告などの経費五〇〇〇万円に対して、テレビや新聞、雑誌などが取り上げた量は、広告費に換算すると二〇一二年末までで約七億円となった。バスやフェリーなど交通機関の行く先にも「うどん県行き」が登場し、関連するお土産も出はじめた。

昔は、「高松県なんて言わないで」とお願いする自虐的コピーでＰＲしていた香川県が、やっとグルメ関連で受ける広

高松空港でも「うどん県」をアピール

告を見つけたわけである。この流れを受けたのだろう。広島県の「おしい！広島」、都道府県魅力度ランキングで最下位付近に毎年甘んじている茨城県の「なめんなよ♥いばらぎ県」という広告もある。

かわいい

全国のゆるキャラ数は一〇〇〇を超えているだろう。その火付け役となった「ひこにゃん」の人気は相変わらず根強い。滋賀県彦根市が開いた「国宝・彦根城築城四〇〇年祭」に向けて二〇〇六年に生まれたキャラクターは、現在では単独で観光客を呼べるほどの存在に育っている。

彦根市のホームページにある公式サイトなどで登場スケジュールをチェックし、ゆるい、無言のパフォーマンスを見ようと彦根城を訪れる人も多い。その動きに「かわいいー」という声が上がり、携帯カメラの主人公になっている。もちろん、その効果は大きい。年間四〇万〜五〇万人だった入場者

彦根城で人気のひこにゃん

が、四〇〇年祭後でも七〇万~八〇万人で推移している。

人気が継続している理由として、彦根市はデザインや動きのかわいさに加えて以下の三つを挙げている。

❶夢を与える存在として、中に誰が入っているかなど舞台裏は見せない。
❷公式ブログで情報を発信する。
❸全国から仲間を集める「ゆるキャラまつり」を開いている。

とはいえ彦根市は、「ひこにゃん頼み」からの脱却も目指している。城から続く通りに江戸の町並みを再生し(キャッスルロード)、NPO法人による城の堀をめぐる屋形船や人力車の活用もはじまった。もちろん、近江牛、アユ、鮒ずしといったグルメも売り出し中である。

武将ブーム

名古屋市は開府四〇〇年に向けて、織田信長や徳川家康などゆかりの武将にちなむ「名古屋おもてなし武将隊」を二〇〇九年につくった。国が全額負担のふるさと雇用再生事業を使い、メンバー一〇人とスタッフ四人はハローワークを通じて募集した。

武将隊は、名古屋城で観光客を出迎えて演武を披露するだけではなく、イベントや国内外の観光プロモーションにも参加している。信長など本人になりきって、インタビューに応じることもある。これらの活動について、名古屋市は次のように分析している。

「歴女や武将ブームもあり、イケメンの武将隊を考えた。ゆるキャラと違い、本人は武将として語れる。観光客も女性が増えてきた」

これらの経済効果は、年間二七億円に上ると試算している。また全国では、二匹目のどじょうを狙う同様の動きが目立っている。これに対して、ＪＴＢ総合研究所の磯貝政弘主席研究員は警鐘を鳴らしている。

「地域の生き残り策として、自治体主導で成功例をまねるだけでは失敗する。観光につなげる戦略が必要だ」

地域経済の衰退や人口減少に悩む自治体にとっては、観光によって交流人口を増やし、何とかてこ入れをしたいという思いが強い。では、どのような手法が有効なのだろうか。スキー場やゴルフ場をメーンにしたリゾートブームはバブル経済の崩壊もあって失敗した。自治体の財政が苦しいこともあってハコモノ頼みはすでに卒業しており、お金をあまりかけないソフト施策を採用してきている。

最近のブームでは、ご当地ラーメン、Ｂ級グルメ、ゆるキャラなどがその例と言えるだろう。さらに、美少女の絵やキャラクターを使った「萌えおこし」、名古屋のように戦国武将らを模し

表５−８　観光に関連する主なブーム

ご当地ラーメン	札幌、喜多方、和歌山、尾道、博多など都市ごとに個性があるラーメンが1980年代後半から雑誌やテレビなどで注目された。
Ｂ級グルメ	知名度はないが、地元で愛される料理の王座を決めるＢ−１グランプリは2006年から毎年開かれ、最近は50万人を集めるイベント。「富士宮やきそば」「厚木シロコロ・ホルモン」などがトップになった
ゆるキャラ	ゆるいマスコットキャラクターの略。平城遷都1300年祭の「せんとくん」がかわいくないと物議を醸したこともある。最近は「くまモン」が大人気だ。
萌えおこし	美少女のような萌えキャラクターを前面に出したまちおこし手法で、2000年代後半から活発化。自治体や企業の公式キャラや商品包装への活用例もある。
武将隊	城下町ゆかりの武将らをモチーフに観光をアピールする集団。名古屋、仙台、熊本など城下町を中心に広がり、名古屋市の集計ではその数は25に上る。

た「武将隊」などの動きも目立ってきた（**表５−８**参照）。

このような状況に対して、Ｂ級グルメのまちおこしに詳しい新潟大学の田村秀教授は、「観光にとってグルメ、ゆるキャラなどは四番バッターではない。それにつなげる一番打者のような役割だ」と指摘している。

グルメなどの活用は、あくまで地域に人を呼ぶためのきっかけであって、四番バッターとなる魅力的なコンテンツを示さなければ、観光地としてのブランドは確立できないというのだ。香川県がアート、滋賀県彦根市が歴史や文化につなげようとしているのもそんな試みであると言える。

魅力あるコンテンツを探すには、行政だけではなく、住民や市民団体が一緒になって地元の価値を再発見し、まず自らが楽しむことが不可欠となる。観光客がその動きに共感して集まるようにならなければ、決して成功には結び付かない。

11 環境協力

北九州市や三重県四日市市などといった深刻な公害を克服した自治体が、友好関係を生かして中国の都市環境の改善を支援していることはご存じだろうか。微小粒子状物質（ＰＭ2.5）が風に乗って来る越境汚染への懸念もその理由の一つである。

国同士の関係悪化を背景にして、地方自治体が対中協力の主役になることが求められている。これを契機に、環境産業を地域経済の柱に育てようという動きが出ている。

成功の象徴

明治時代から製鉄の街として知られる北九州市は、一九八一年から友好都市である大連市で「公害管理講座」を開き、環境協力をはじめた。一九六〇年代の深刻な汚染を、行政と企業、市民の三者が協働することで克服した経験を伝えることが狙いとなっている。

技術交流セミナーや大連市からの研修生を受け入れるほか、環境モデル地区計画を策定している。政府開発援助（ＯＤＡ）も活用し、セメントや製鉄などの工場から出る排ガスの浄化を日本の技術で進め、大きな成果を上げている。

「中国で一番の改善を示したい、という大連側の意志が強かった」と、北九州市の久保聖子環境国際戦略課長が説明した。この大連市で中心的な役割を果たしたのが、副市長や市長を歴任した薄熙来《はくきらい》氏である。共産党の政治局常務委員という最高指導部入りを目指して環境で将来を切り開こうとした薄氏と、国際環境協力の実績を上げたい北九州市側の思惑が一致した結果とも言える。ただその後、薄氏は重慶市のトップにまで上り詰めたが、収賄と横領、職権乱用の罪に問われて無期懲役が確定している。

北九州市は環境対策に顕著な功績があったとして、一九九〇年に国連環境計画（ＵＮＥＰ）の「グローバル５００賞」(5)を受けた。同じく大連市も二〇〇一年に受賞している。国家間の関係が良好なうえに、十分なＯＤＡで支援できた時代の象徴と言えるだろう。

この成功を生かして北九州市は、東アジア各地の環境改善に乗り出した。

「グリーンアジア国際戦略総合特区として、二〇二〇年までに環境産業で約五兆円の追加売り上げを目指す」と述べている北九州市は、「環境未来都市」を掲げ、環境協力を地元経済の活性化にも生かすリーダー的な存在となっている。

長い目で

自治体による中国支援の多くは、ノウハウを伝える職員研修や技術援助が中心となっている。富山県などが創設した「環日本海環境協力センター（ＮＰＥＣ）」は、遼寧省に協力したり、瀋陽市の自動車排ガス濃度を調査している。

「中国に最新機器があっても、解析のスキルアップには支援が必要だ」と説明するように、分析技術の研修員の受け入れや県の専門家派遣を実施している。

一方、東京都は、二〇〇九年に北京市と技術交流・技術協力の合意書を締結した。その結果、大気分野ではＰＭ2.5の著しい汚染が顕在化した二〇一三年から援助をはじめている。東京都が進めてきたディーゼル車の排ガス規制などを紹介したが、「北京のガソリンは質が悪い。さらに、車や人口の急増という状況がある。東京の知識や技術をそのまま当てはめるのは難しい」と担当者は述べている。

（５）国連環境計画（ＵＮＥＰ）による、環境の保護・改善に功績のあった個人または団体を表彰する制度。一九九九年、世界初の量産型ハイブリッド車の発売等が評価され、トヨタが日本企業として初めて受賞している。この賞は、二〇〇三年で終了している。

表5−9　主な自治体の中国への環境協力

東京都	北京市と水、環境分野の技術交流・技術協力の合意書を2009年に締結し、2013年に大気保全ワークショップを開催した。
川崎市	1997年に環境技術交流協力に関する議定書を瀋陽市と締結し、研修生を受け入れ。環境関係機関同士も協力している。
富山県	環日本海環境協力センター（NPEC）と連携し、遼寧省で1998年度から水質汚濁、黄砂の共同調査、自動車排ガスの対策協力を実施する。
四日市市	1990年に国際環境技術移転センター（ICETT）を設立し、天津市からの研修生を受け入れている。現地に専門家を派遣しての研修も行った。
北九州市	1981年に大連市で公害管理講座を開講し、1993年から行政研修員を受け入れた。大連市の環境モデル地区計画を策定し、国レベルの協力に結び付けた。

さて、三重県四日市市は、四大公害病の一つである「四日市ぜんそく」を引き起こした激甚《げきじん》な大気汚染を克服したという経験をもっている。企業、県、市が共同で「国際環境技術移転センター（ＩＣＥＴＴ）」を創設し、国などからの資金を受けて天津市や河南省の職員を研修してきた。

「研修から戻ったあと、どのような役職に就いて経験を生かしているのか。また、日本の環境技術が流出していないのか」と、センターの松永馨環境広報課長は懸念している。成果や支援する側のメリットが見えにくいことへの戸惑いが残っているようだ。

環境省は中国環境保護部と協力し、大

気汚染対策の都市間連携を打ち出している。中国の各都市が求めるニーズに素早く対応できる態勢を、日本側の自治体間の協力で整えようという発想である。これが、日中関係の改善につながればという期待もある（**表5－9**参照）。

調整に当たる「地球環境戦略研究機関（ＩＧＥＳ）」の小柳秀明北京事務所長は、「中国も海外から多くの技術や知識を得ており、かつての日本の公害経験はそのまま通用しない」と指摘している。たとえば北京市は、老朽自動車の廃棄や企業の閉鎖などで、ＰＭ2.5の濃度を五年間で二五パーセント以上減らす大気汚染防止行動計画を実施している途中だ。多くの都市も同様の対策を進めており、日本に求められるのはその後の対策である。

「自動車だけでなく、重機などの排ガスをどう規制するのか」や「対策を企業に徹底させ、自主的な取り組みを奨励する方法は」などの課題への対応が求められている。これらを踏まえて、「ともに考え、すぐに回答を出すように、日本側の意識改革も必要だ」と小柳所長は話している。

互恵

沖縄県・尖閣諸島の問題に加えて、二〇一三年一二月には安倍晋三首相が靖国神社を参拝したこともあり、日本と中国の政府レベルの関係はぎくしゃくした状態が続いている。さらに、ＯＤＡの見直しもあって支援資金もあまりないという状態になっている。

自治体国際化協会によると、地方自治体が結んだ友好（姉妹）都市の件数は一六七〇件ある（二〇一四年一二月現在）。このうち、中国の都市と結んだ件数はアメリカに次いで多く三五六件もある。親善の相手として、中国への期待は大きいと言えるだろう。

これらを背景に、環境省がひねり出したのが都市の国際連携による環境協力と言える。ただ、自治体の予算面から見ると、友好関係の行事であれば費用は少なく住民も理解しやすいが、国際協力となると住民サービスと大きく離れるだけに十分な説明が必要となる。たとえば、越境大気汚染の改善を理由にするにしても、中国から来る量が国内汚染のどれぐらいの割合を占めるのかについては、まだまだ調査と解析が必要である。それに、協力によってどれだけ減るのかも予測できないため説得力には欠けるだろう。

対中環境協力に住民の支持を得るためには、環境改善による友好の促進に加えて、協力にかかる費用を国が補助することを明確にする、そして、地元企業にメリットがあるなど経済活性化も含んだ戦略を自治体がつくることが重要となる。

中国の環境改善と地元経済へのメリットという、相互に恩恵のある協力関係に深化させることができるのだろうか。この環境支援が一つの試金石になるのかもしれない。

あとがき

この原稿を書き終えてからも、地方創生においてさまざまな動きがあった。

増田寛也元総務相が率いる民間団体「日本創成会議」が、二〇一五年六月、東京圏の七五歳以上の高齢者が今後一〇年間で急増するとして、医療・介護の施設や人材に余裕がある二六道府県四一地域に高齢者の移住を促すよう、政府や自治体に求める提言を発表した。

また、「対応を考えないと日本全体がもたない」「第二の人生を地方で暮らしたいと思っている人に選択肢を」として、地方への移住を提唱するのが石破茂地方創生担当相だ。

一方で政府は、地方の病院のベッド数を過剰として、今後一〇年間で大幅に減らす報告書も出している。「高齢者の受け入れを」と呼び掛けながら、病院の規模は縮小していくという矛盾する動きにもお構いなしだ。「都道府県がどう判断するかだ」として、対応は地方に丸投げしている。国は、医療費、社会保障費の伸びを抑制するという財政面のことしか考えていないようだ。

全国から東京圏に集まってきた「団塊の世代」が退職し、今後一〇年で後期高齢者になる。十分な介護や医療を提供できるのか。この保証がないことが、漠然とした不安の根底にある。国や地方は、予算がかかる特別養護老人ホームではなく、自宅で住み続けながら支援を受ける地域包括ケアで対応するとしているが、これも節約のためであり、十分に機能するとは思えない。

このままでは、高齢化のスピードに対応できず、年金や介護、医療のシステムが行き詰まるとの見方が強い。高齢者問題の天王山が近づいているのにもかかわらず、小手先の移住や地域包括ケアで誤魔化そうとしているようにさえ映ってしまう。抜本策は、年金の減額や支給開始時期の変更、医療費の自己負担増など高齢者に厳しいものとなっており、与党の支持率にも大きく影響する政策となっている。

六月末に閣議決定された地方創生の基本方針のキャッチフレーズは「ローカルアベノミクスの実現に向けて」だ。内容は基本方針とは思えないてんこ盛りの状態で、いわば総合戦略を箇条書きにしただけである。政治主導ではなく、官僚任せになるとよく現れる現象だと言える。

注目された新型交付金の総額も示されなかったが、国の財政難や支援の内容を考えれば多くて一〇〇〇億円程度だろう。しかも、既存の交付金の衣替えや各省の補助金を削減したものが原資で、大きく純増とはなりそうにない。事業への上乗せとなるこの交付金を得るために各自治体が戦略をつくり、地方創生策を実施する。中央集権的に、あるいは地方を上から目線で見る権力者にとってはとても心地のよい風景だろう。

だが、それは本当の意味の地方創生にはならない。結局は、地方創生という言葉に為政者は酔い、自治体が踊らされているだけにすぎない。

＊＊＊

人口減少の問題は、すべての課題の基礎である。しかも特効薬はなく、効果を上げるのは至難の業だ。安倍晋三首相が二〇一四年に人口問題に取り組みはじめたとき、「日本の将来を見据えて政治的な行動を起こしたと評価できるかな」と少し思った。国を守るためとして安全保障法制を抜本的に見直すのであれば、その前に、この国の将来を確かなものにするのは当然であろうと考えたからだ。

ところが、その後の動きや、年末にまとまった地方創生の総合戦略を見て、それは買い被りであったと悟った。要するに、半数の自治体が消滅する可能性があるとする「消滅可能性ショック」が全国を駆け抜け、その危惧を奇貨として地方創生を打ち出したにすぎなかった。

「ローカルアベノミクスの効果を津々浦々まで届ける」という見果てぬ夢を語り続ける安倍政権の人気維持策であり、選挙対策でもある。それに、安保法制見直しへの批判を避ける防護壁にも使った。官僚側から見れば、地方の危機に便乗した霞が関の生き残り策でもあろう。

国家の一大事と訴えながらも、地方創生に回す予算もかぎられている。地方交付税の削減も検討されており、自治体は青息吐息となっている。地方創生の伝道師である石破担当大臣が「自治体間の競争を」と鼓舞し、小泉進次郎内閣府政務官が「リスクを取る自治体を応援する」と尻を叩いても、どれぐらいの自治体が動き出すだろうか。

＊　＊　＊

安倍政権は、集団的自衛権行使を解禁する安全保障法案の成立を急いだ。新国立競技場の建設計画とあわせ、二つに共通するのが「国際公約」という外圧の利用だ。島国根性ともいわれ、周りからの評価が気になる国ならではは伝統的な政策手法と言える。

総工費二五二〇億円に上る新国立競技場は、安倍首相が二〇一五年七月、ゼロベースで見直すとして白紙に戻すことを約束し、リーダーシップを発揮する演出に使った。本音は、安保法制との二正面作戦はできないとの判断からだ。もっと早く止めるタイミングがあったにもかかわらず、先延ばしにしてきた。その判断能力の欠如は頬かむりして、一発逆転を狙ったのだろう。

新国立競技場の問題には国民の声に耳を傾けるとしながら、安保法案には貸す耳さえもたない。その自己矛盾さえ意に介さないという傲慢さがこの政権にはある。

安保法案の国会審議では、多くの学者が憲法違反と批判した。さらに米軍への支援を強化するため、自衛隊員が現在よりも危険な場所での任務に就く可能性が高くなる。戦死という最悪の事態を考え、国民も含めてその覚悟を議論すべき場なのにもかかわらず、リスクは増えないと強弁するばかりだ。

自衛隊に命令を出すのは首相である。自衛隊員は首相の手駒ではない。生きている、家族もいる立派な社会人である。その人に、生命を賭した任務を迫るのである。あまりに軽薄で無責任な議論ではないだろうか。

挙げ句の果て、安倍首相は法案について「国民の理解が進んでいない」と認めながらも、決めるときに決めるのが政治という意味不明の理屈で七月に強行採決し、衆議院を通過させた。法案を国会に提出する前、アメリカ連邦議会で四月に行った演説で早期成立を約束しただけにメンツもあるのだろう。

国際公約とは、政権が都合のいいときにだけもち出す論理である。押し通せるのであれば、国民不在、国民への侮辱そのものである。新国立競技場は負の遺産となることは避けられたが、平和国家を目指してきたこの国のかたちは、国民の歓迎も同意もないままに根本的に変わる。

もっとも大きな影響を受けるのは子どもたちだ。二〇一六年夏から投票権が「一八歳以上」にまで引き下げられる。民主主義の現場である国会、永田町では、教科書では推奨できないことばかりが起きている。誰が何を言ってどう決まったのか、しっかり記憶にとどめて投票につなげてほしい。政治家も、「本当に憲法違反でないのか」「メンツだけではないのか」「自己保身ではないのか」など、歴史の評価に堪えられる判断をしたのかもう一度自問自答してほしい。

安倍政権では、メディアに対する締め付けも日常化している。安倍首相に近い自民党若手議員の勉強会で、出席議員が「マスコミをこらしめるには広告料収入をなくせばいい」などと発言したのもその一つである。安倍首相のことを忖度しての言動だろう。

自民党が野党時代の二〇一二年にまとめた日本国憲法改正草案がある。その二一条（表現の自由）には、第2項として「前項の規定にかかわらず、公益および公の秩序を害することを目的とした活動を行い、それを目的として結社することは、認められない」としている。つまりは、政府の気に入らない活動は取り締まることができる。報道の自由は政府の認める範囲内でしか容認できない、という意思表示である。

民主主義国家としては恥ずかしい内容と言える。自民党がこのような国家主義的な思想をもち、国民の権利も自由も国家の認める範囲内という考えの当然の帰結として、こらしめるという発想になるのだ。

＊＊＊

安倍政権になって国という存在、政権というのが無意味にどんどん重くなっている。歴史に名を残すという自己満足のためなのか、一内閣で憲法解釈を一八〇度転換し、集団的自衛権の行使を容認した。果ては、憲法改正なのだろう。

地方創生も、人口問題への取り組みを安倍政権にとってはアクセサリーにすぎない。安保法案の審議を取材しながらそう確信した。地方創生を声高に叫び、実現できるかのように誘導するのはあまりにも罪つくりだ。だからといって、疲弊した地方の状況は放置できない。安倍政権とは関係なく、地方の日常、生活はそこにある。それらを守る必要がある。

最後になりましたが、快く取材に応じていただいたみなさまに感謝を申し上げます。本来なら、お一人ずつお名前を挙げさせていただくべきところではありますが、紙幅の関係上、省略させていただきましたことお詫び申し上げます。

本書が、現在地方自治体で活躍されているみなさん、またこれから地方公務員を目指そうとされている方々にとって参考になれば幸いです。そして、本書を読まれたことで自治体間のネットワークがさらに形成され、互いに参考にされつつより良い地方自治体を創生されることを願っています。

二〇一五年七月

諏訪雄三

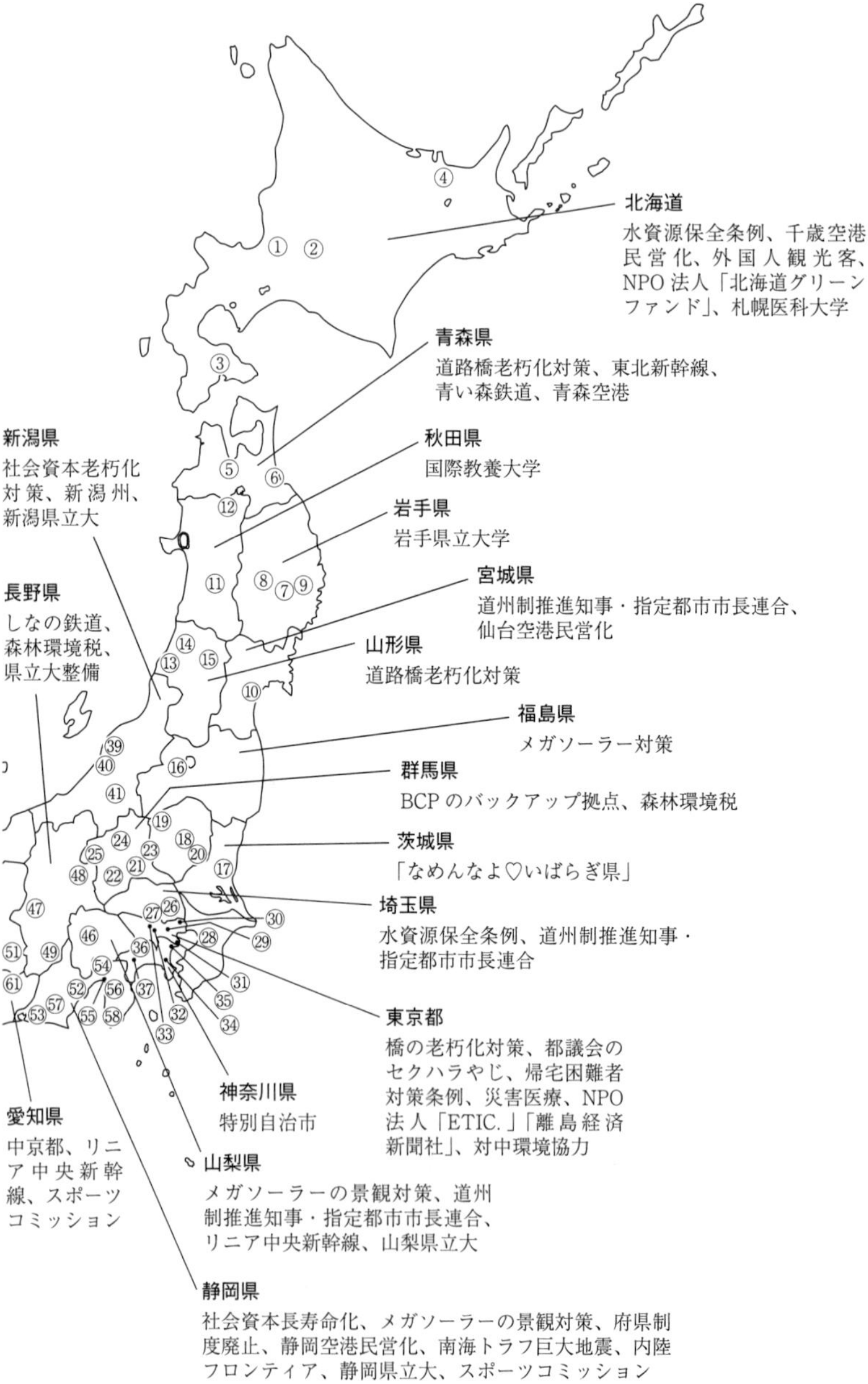
北海道
水資源保全条例、千歳空港民営化、外国人観光客、NPO法人「北海道グリーンファンド」、札幌医科大学
青森県
道路橋老朽化対策、東北新幹線、青い森鉄道、青森空港
新潟県
社会資本老朽化対策、新潟州、新潟県立大
秋田県
国際教養大学
岩手県
岩手県立大学
長野県
しなの鉄道、森林環境税、県立大整備
宮城県
道州制推進知事・指定都市市長連合、仙台空港民営化
山形県
道路橋老朽化対策
福島県
メガソーラー対策
群馬県
BCPのバックアップ拠点、森林環境税
茨城県
「なめんなよ♡いばらぎ県」
埼玉県
水資源保全条例、道州制推進知事・指定都市市長連合
東京都
橋の老朽化対策、都議会のセクハラやじ、帰宅困難者対策条例、災害医療、NPO法人「ETIC.」「離島経済新聞社」、対中環境協力
神奈川県
特別自治市
愛知県
中京都、リニア中央新幹線、スポーツコミッション
山梨県
メガソーラーの景観対策、道州制推進知事・指定都市市長連合、リニア中央新幹線、山梨県立大
静岡県
社会資本長寿命化、メガソーラーの景観対策、府県制度廃止、静岡空港民営化、南海トラフ巨大地震、内陸フロンティア、静岡県立大、スポーツコミッション

巻末資料①　本書で取り上げた主な都道府県のテーマ

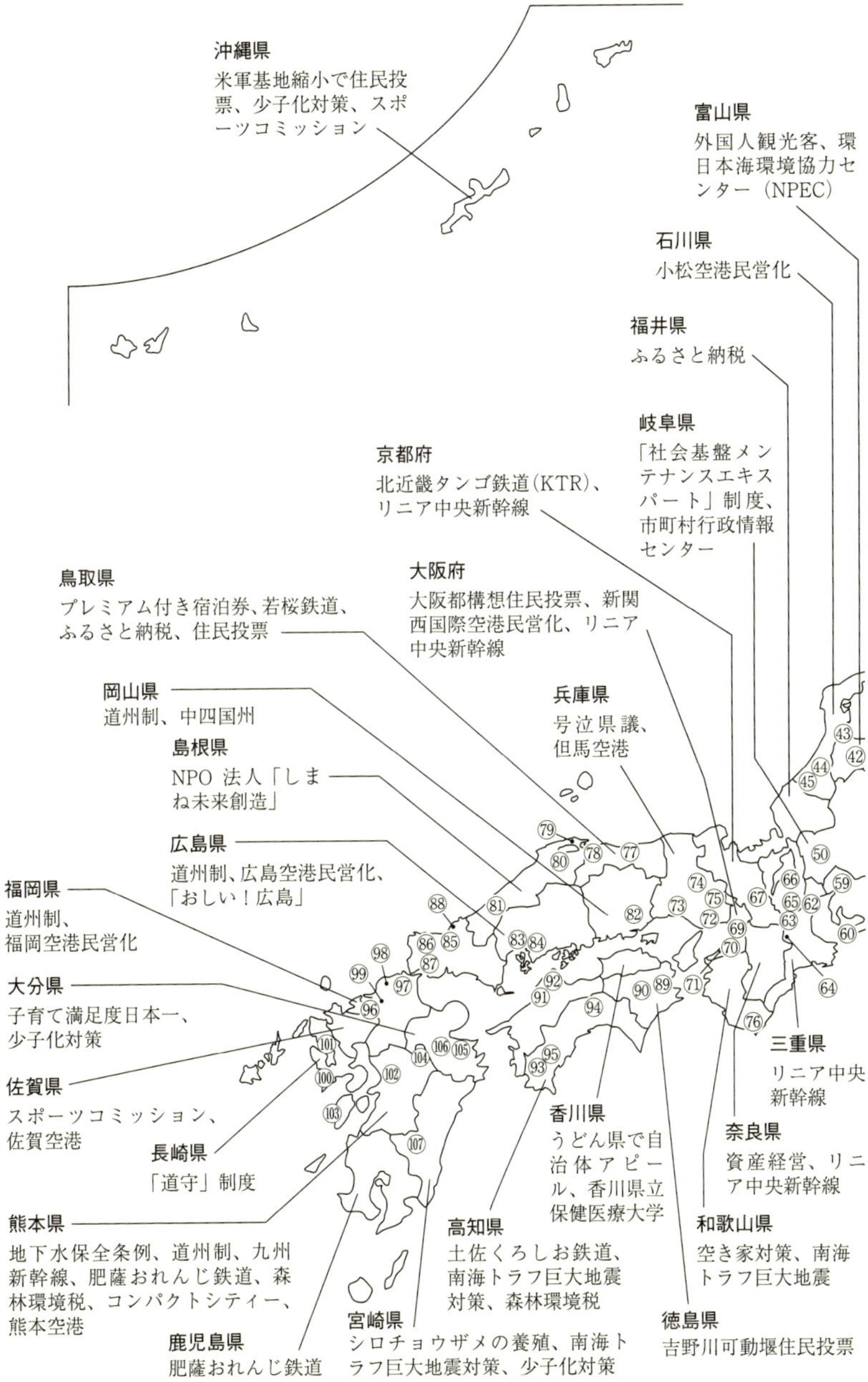

沖縄県
米軍基地縮小で住民投票、少子化対策、スポーツコミッション
富山県
外国人観光客、環日本海環境協力センター（NPEC）
石川県
小松空港民営化
福井県
ふるさと納税
岐阜県
「社会基盤メンテナンスエキスパート」制度、市町村行政情報センター
京都府
北近畿タンゴ鉄道（KTR）、リニア中央新幹線
鳥取県
プレミアム付き宿泊券、若桜鉄道、ふるさと納税、住民投票
大阪府
大阪都構想住民投票、新関西国際空港民営化、リニア中央新幹線
岡山県
道州制、中四国州
兵庫県
号泣県議、但馬空港
島根県
NPO 法人「しまね未来創造」
広島県
道州制、広島空港民営化、「おしい！広島」
福岡県
道州制、福岡空港民営化
大分県
子育て満足度日本一、少子化対策
佐賀県
スポーツコミッション、佐賀空港
長崎県
「道守」制度
熊本県
地下水保全条例、道州制、九州新幹線、肥薩おれんじ鉄道、森林環境税、コンパクトシティー、熊本空港
鹿児島県
肥薩おれんじ鉄道
宮崎県
シロチョウザメの養殖、南海トラフ巨大地震対策、少子化対策
高知県
土佐くろしお鉄道、南海トラフ巨大地震対策、森林環境税
香川県
うどん県で自治体アピール、香川県立保健医療大学
徳島県
吉野川可動堰住民投票
和歌山県
空き家対策、南海トラフ巨大地震
奈良県
資産経営、リニア中央新幹線
三重県
リニア中央新幹線

	都市名	説明文
㊼	掛川市	災害医療
㊽	南伊豆町	静岡県杉並区の特養受け入れ
愛知県		
㊾	名古屋市	資源ごみ持ち去り、中京都、リニア中央新幹線、武将隊
㊿	田原市	津波対策で学校移転
61	豊田市	トヨタの防災対策
三重県		
62	四日市市	環境協力、国際環境技術移転センター（ICETT）
63	伊賀市	小規模多機能自治
64	名張市	小規模多機能自治
滋賀県		
65	甲賀市	信楽高原鉄道
66	彦根市	ひこにゃん
京都府		
67	京都市	空き家対策条例、資源ごみ持ち去り、特別自治市、全国市民オンブズマン連絡会議第20回大会、リニア中央新幹線、外国人観光客
大阪府		
68	関西広域連合	道州制、スポーツコミッション関西
69	大阪市	空き家対策、大阪都構想住民投票、リニア中央新幹線、大阪市立大
70	堺市	空き家対策、大阪都構想関連の市長選
71	泉佐野市	自治体破綻
兵庫県		
72	神戸市	空き家対策、特別自治市、コンパクトシティー
73	姫路市	姫路城、産業観光
74	朝来市	小規模多機能自治、生野鉱山
75	猪名川町	道の駅「いながわ」
奈良県		
和歌山県		
76	串本町	南海トラフ巨大地震
鳥取県		
77	鳥取市	市庁舎住民投票
78	米子市	ふるさと納税
島根県		
79	松江市	空き家対策
80	雲南市	小規模多機能自治推進ネットワーク会議、小規模多機能自治
81	浜田市	島根県立大
岡山県		
82	岡山市	空き家対策

	都市名	説明文
広島県		
83	広島市	ハコモノ白書、外国人観光客、広島市立大学
84	府中市	コンパクトシティー
山口県		
85	萩市	道の駅「萩しーまーと」
86	長門市	地方創生人材支援制度
87	宇部市、美祢市、山陽小野田市	産業観光
88	阿武町	道の駅「阿武町」
徳島県		
89	徳島市	吉野川可動堰住民投票
90	神山町	NPO 法人「グリーンバレー」、創造的過疎
香川県		
愛媛県		
91	松山市	ふるさと納税
92	今治市	タオル美術館 ICHIHIRO、NPO 法人「シクロツーリズムしまなみ」
高知県		
93	四万十市	大宮地区の小さな拠点
94	本山町	小さな拠点、集落活動センター
95	四万十町	道の駅「あぐり窪川」
福岡県		
96	福岡市	空き家対策条例、外部監査制度、地震のバックアップ拠点
97	北九州市	空き家対策、対中環境協力、北九州市立大
98	宗像市	道の駅
99	粕屋町	プッシュ型行政
佐賀県		
長崎県		
100	長崎市	公共施設白書
101	佐世保市	コンパクトシティー
熊本県		
102	熊本市	空き家対策条例、道州制
103	天草市	産業観光
104	小国町	道の駅「小国」
大分県		
105	大分市	メガソーラーの景観対策、少子化対策
106	由布市	メガソーラーの景観対策
宮崎県		
107	小林市	水資源保全条例
鹿児島県		
沖縄県		
108	南城市	NPO 法人「食の風」

参考資料②　本書で取り上げた主な市町村のテーマ

	都市名	説明文
北海道		
①	札幌市	空き家対策、周辺都市との連携、コンパクトシティー
②	夕張市	自治体破綻
③	函館市	公立はこだて未来大、赤レンガ倉庫群、
④	網走市	道の駅「流氷街道網走」
青森県		
⑤	青森市	コンパクトシティー
⑥	八戸市	定住自立圏
岩手県		
⑦	遠野市	道の駅「遠野風の丘」、全国「道の駅」連絡会
⑧	花巻市	スポーツコミッション
⑨	大槌町	自治体クラウド
宮城県		
⑩	仙台市	空き家対策条例、鈴木工業のBCP
秋田県		
⑪	大仙市	空き家対策条例
⑫	小坂町	産業観光
山形県		
⑬	鶴岡市	市立加茂水族館
⑭	酒田市	産業観光
⑮	舟形町	県境を越えた特養整備
福島県		
⑯	会津若松市	会津大、NPO 法人「素材広場」
茨城県		
⑰	水戸市	コンパクトシティー
栃木県		
⑱	宇都宮市	コンパクトシティー
⑲	日光市	道の駅「湯西川」
⑳	益子町	産業観光
群馬県		
㉑	前橋市	前橋工科大
㉒	富岡市	富岡製糸場
㉓	桐生市	産業観光
㉔	中之条町	電力会社設立
㉕	嬬恋村	水資源保全
埼玉県		
㉖	さいたま市	空き家対策条例、特別自治市、スポーツコミッション
㉗	所沢市	空き家対策条例、空家・空地管理センター
千葉県		
㉘	千葉市	空き家対策条例、特別自治市

	都市名	説明文
東京都		
㉙	杉並区	静岡県南伊豆町で特養整備
㉚	足立区	空き家対策条例
㉛	大田区	産業観光
㉜	国立市	住民基本台帳ネットワーク接続
㉝	小平市	道路整備で住民投票
神奈川県		
㉞	横浜市	空き家対策、下水道老朽化対策、資源ごみ持ち去り、特別自治市、横浜赤レンガ倉庫
㉟	川崎市	特別自治市、工場夜景、産業観光
㊱	相模原市	特別自治市、リニア中央新幹線
㊲	秦野市	公共施設白書
㊳	町村会	自治体クラウド
新潟県		
㊴	新潟市	空き家対策、新潟州、防災救援首都、スポーツコミッション
㊵	旧巻町(現新潟市)	原発の賛否で住民投票
㊶	三条市	デマンド交通
富山県		
㊷	富山市	コンパクトシティー、富山ライトレール
㊸	氷見市	道の駅「氷見」
石川県		
㊹	金沢市	北陸新幹線
㊺	小松市	コマツの本社機能一部移転、産業観光
福井県		
山梨県		
㊻	甲府市	リニア中央新幹線
長野県		
㊼	松本市	スポーツコミッション
㊽	小諸市	コンパクトシティー
㊾	飯田市	リニア中央新幹線、NPO 法人「南信州おひさま進歩」
岐阜県		
㊿	大垣市	産業観光
51	中津川市	リニア中央新幹線
静岡県		
52	静岡市	県からの権限移譲
53	浜松市	県からの権限移譲、資産経営、スズキの防災対策、うなぎパイファクトリー、産業観光
54	富士宮市	メガソーラーの景観対策
55	富士市	メガソーラーの景観対策、道の駅「富士川楽座」
56	沼津市	高台移転

著者紹介

諏訪雄三（すわ・ゆうぞう）

1962年兵庫県明石市生まれ。上智大学外国語学部英語学科卒業。1984年に共同通信社に入社。北海道、大阪の支社局、本社内政部を経験、現在は編集委員として公共事業、地方自治、防災、地域活性化、環境問題などを幅広くカバーする。

1994年9月から1年間、ワシントンDCの「環境保健センター」で米国の環境事情を取材した。

著書に『山を歩けば』（共同通信社、共著、1995年）、『アメリカは環境に優しいのか』（新評論、1996年）、『増補版　日本は環境に優しいのか』（新評論、1998年）、『地球温暖化防止をめぐる法と政策』（有斐閣、共著、1999年）、『20世紀・未来への記憶』（洋泉社、共著、1999年）、『公共事業を考える』（新評論、2001年）、『土地取引・管理の環境マネジメント』（第一法規、共著、2003年）、『道路公団民営化を嗤う』（新評論、2004年）、『働く！』（共同通信社、共著、2014年）など。

地方創生を考える

——偽薬効果に終わらせないために——　（検印廃止）

2015年9月15日　初版第1刷発行

著者　諏訪雄三

発行者　武市一幸

発行所　株式会社　新評論

〒169-0051
東京都新宿区西早稲田3-16-28
http://www.shinhyoron.co.jp

電話　03(3202)7391
FAX　03(3202)5832
振替・00160-1-113487

落丁・乱丁はお取り替えします。
定価はカバーに表示してあります。

印刷　フォレスト
製本　中永製本
装丁　山田英春

ISBN978-4-7948-1018-2